マイナビ新書

答えは「京都」にある

放生 勲

マイナビ新書

日本人の悩みのほとんどは京都が解決してくれる

京都、そこは千年の都、そして日本人の心のふるさと。
その街へ、日本人の多くは修学旅行デビューをする。
清水寺、平安神宮、金閣寺、銀閣寺、二条城などをめぐり、京都のイメージが刷り込まれる。そして、鮎が放された川に帰るように、大人になれば観光、ビジネス、学会等で、京都へのセカンドデビューを果たすことになる。

そうした過程を通して、多くの日本人には、古くから変わらない街、寺社仏閣の多い街という京都のイメージが定着する。しかしこうした印象は、あくまで京都の表層をなぞっているに過ぎない。

大人になって京料理を食しても、わからない街。

学会で何度、京都国際会館に行っても、わからない街。
ビジネスで足繁く訪れても、わからない街。

そう、京都は、懐《ふところ》の深い街なのである。

「京都が日本人の悩みを解決してくれる」
この言葉を聞いて「そんなばかな」「そんなことはありえない」と感じた人も多いのではないだろうか。私もまったく無関係な読者だったら、きっとそう思ったにちがいない。

しかし、京都には日本人が抱える悩みを解決する多くのヒントが隠されている。

京都は三方を東山、西山、北山に囲まれた盆地の中にある。いわば〝結界〟を持った凹みの中で、独特のカルチャーを育んできた。

七九四年の平安京遷都からおよそ千年以上もの間、京都は都としての立場を堅持してきた。それは京都の町衆＝京都人が、この町を支えてきたからである。

その京都人の知恵とは、「セレンディピティ」「シナジー」「サステナビリティ」「アイデンティティ」「二面性」「大人の街」といった、京都にはあまり似つかわしくない言葉に集約される。

これらの一見不可解なキーワードが多くの日本人の悩みを解決するヒントとなるのである。

考えてみてほしい。

京都から数多くのノーベル賞受賞者が輩出されるのはなぜか？
日本を代表するグローバルカンパニーが京都に多く存在するのはなぜか？
京セラに代表されるＩＴ企業が京都から生まれるのはなぜか？

これらの疑問の答えとなるのが、この六つのキーワードなのだ。

私自身も、京都へのセカンドデビューがなかったら、本業の医師の傍ら、二十冊近い本を出版することは、ありえなかった。

私のような平凡な人間でさえ、京都では、いろいろなアイデアが降りてきたり、インスピレーションを得ることが多々ある。執筆という私の〝二足目のわらじ〟は、京都という街抜きには語れない。


京都人が育んできた知恵は、われわれ「よそさん」から見ると、ビジネス、教育はもとより、人生そのものを豊かに、そして知的にする数多くの示唆に富んでいるように思える。

そう、京都を理解することは、自分が歩むべき〝小路〟を見出すことでもある。

ビジネス、プライベートを問わず、生活の隅々にまでパソコン、タブレット端末、スマートフォンが行き渡っている現在、私たちは合理主義の延長線上に成功が約束されると考えがちである。

だが、「古いのに新しい」「古いからこそ新しい」といった考え方こそ、現代人に通じるものがあるのではないか。

本書では、多くの人々の悩みを解決し、人生を豊かにする京都的考え方を道案内したいと思っている。

答えは「京都」にある

目次

第二章　元気の出ない人へ
～京都的コミュニティで人・地域を活性化～

第三章　人生で成功したい人へ
～〝ひらめき〟を引き寄せる京都的ヒント～

第四章　仕事で信頼を勝ち取りたい人へ

～京文化が教えてくれる人付き合いの極意～……107

第一章

不安を感じている人へ

～心を癒す精神安定装置としての京都～

マンネリを打破する街

みなさんは、現状にマンネリを感じることが多々あるのではないだろうか。現代社会では多くの人が忙しい日々を過ごしている。新社会人になったばかりの頃は、情熱もあっただろうし、毎日が挑戦の連続で非常に充実していたはずだ。しかし、月日を重ねて経験とスキルを身に付け、仕事に慣れてくると、毎日が同じことの繰り返しに感じることがある。

そんなマンネリ感を解消し、新鮮で充実した日々を取り戻すにはどうしたらいいのだろうか？

そのヒントは、実は「二面性」にある。物事のひとつの面にこだわると、どうしても視野が狭くなり、思考が行き詰まりやすくなる。そういうときに、まったく別の角度から現状を見つめることができれば、新しい道が見えてくることは多い。

京都は、二面性のある街である。

忙しい日々に追われ、一面的な思考にとらわれがちな現代人にとって、多くのヒントを与えてくれる街なのである。

〝変わらない〟安心と〝変わる〟安心

日本人の多くは修学旅行で京都デビューをする。私もその中のひとりだ。四十年前、私は修学旅行ではじめて京都を訪れた。しかし、今でも京都の街並みは昔と変わっていないと感じる。

みやげもの店をのぞいてみれば、四十年前とまったく同じ商品が売られていたりする。お寺のお守りも、修学旅行のときと同じものを今でも買うことができる。

こういうことは他の都市ではあまり見られない。

たとえば東京の四十年前の写真を見れば、現在とのちがいに驚くだろう。店の棚に並ぶ商品のモデルチェンジもめまぐるしく、売れない商品はどんどん新しいものに変わっていく。何年も売られるのは、毎年安定して売れる人気商品だけだ。

京都はとてもコンサバティブで、頑《かたく》なに変わらない街だ。そういう保守的な面があるからこそ、日本人が京都を訪れたときに「ああ、やっぱり京都はいつ来てもいいな。昔とちっとも変わっていない」と感じることができる。移り変わりの激しい時代の中で、日本人の心を癒す精神安定装置としての役割を担っていると言ってもいいだろう。

ただ、京都人は保守的で排他的な面を持っていることはまちがいない。たとえば京都のしきたりを知らない一見《いちげん》さんには、かなり厳しい対応をしたりする。その排他的な一面が「京都のぶぶ漬け」や「京都人はいけず」といったイメージにつながるのだろう。

私自身も京都に通い出した当時、そう感じた経験がある。

京料理の店を見つけたのでふらっと入ったら、「すんまへんなぁ。今日はご予約さんでいっぱいなんどす」と言われてしまった。しかし店内はガラガラで、どう考えてもこれからすべての席が埋まるような状況にはない。

これは要するに「予約もせんとうちの店に来《こ》んとってほしい」というメッセージなのだ。「京都でちゃんとした食事をするなら、前もって予約をするのがルールでっせ」ということである。

一方で、京都は新しいものをどんどん取り入れていく、柔軟でラジカルな一面も持っている。

いつ訪れても京都は変わらないと感じるが、裏を返せばそれは、時代に合わせて、変わらない努力をしているということでもある。

観光資産である街並みを変えずに維持し続けるためには、相応の努力が必要だ。コンサバティブに見える京都も、内面では激しく動いているのである。

京都人はたしかに「いけず」な面も持っているが、実は新しいもの好きで、非常に柔軟な考え方をする。

たとえば京都を代表する老舗料亭のひとつ、「菊乃井」は、もともとは乾物屋だった。乾物屋の店先で料理を出したらそれが好評で、そこから料亭に発展し、乾物屋はたたんでしまった。かつては大衆料理店やクラブなどもやっていたそうだ。

そのようにいろいろな形態をやってきた中で、最終的に料亭の形を残して現在にいたっている。だから代をたどれば何代にもなるが、料亭としてはまだ三代の歴史しかない。

家業の存続を第一に考え、時代に合わせて試行錯誤しながら、柔軟に発展してきたのだ。

菊乃井の三代目主人である村田吉弘氏もとても京都人らしい思考の持ち主だ。その著書『京都人は変わらない』（光文社）で、「家業には家訓があって（中略）、家訓という大きな柱がちゃんとあるから、たとえ路線を変更したとしても最終的には自らを見失うことなく、そこへ戻ってこられる（中略）、よくバカ息子が一人出てきたら家は終わりやと言いますね。もしそんな状況になったら、家業を守るために、息子を切って養子をもらいます」と書いているのが興味深い。

つまり、「家」というものを守っていくためにはラジカルな決断も必要、ということなのだ。

二面性という意味では、京都はパリとよく似ている。パリでは歴史的な景観を守るために建築規制を設けて、観光資産としての街並みを守っている。

しかし、街並み以外の面では時代に合わせて変化を続けている。

頑なに変わらないコンサバティブな一面しか持っていなかったら、パリがヨーロッパの主要都市であり続けることはできなかっただろう。それはパリの姉妹都市である京都も同じことである。

このような二面性を持つ街は非常に魅力的で、人々を引きつけずにはおかない。

メリハリのあるケチになれ

京都では質素倹約が美徳とされる。つつましく、自分の収入に見合った生活を送ることがよしとされるのだ。

たとえば東京では、普通のサラリーマンが高価な時計やアクセサリーなどを身に付けていると「すごい！」と一目置かれるが、京都人は、分不相応なものを身に付けている人を下に見るようなところがある。庶民が無理をして高級ブランド品を身に付けていても、うらやましがられるどころか、バカにされてしまうのだ。

そのため、たとえば京都人に着ている服の値段を聞いたときに、実際は高価なスーツだったとしても「いやいや、見た目だけで、安もんなんですわ」などと言われたりする。

京都人にとって必要以上に高いものを買うことは、かっこ悪いことなのである。

しかし、京都人は単なるケチではない。ここにも二面性がある。

普段の生活は慎ましやかでも、ハレの日にはお金を惜しまない。普通の家庭でも、大事な記念日には有名な料亭で食事をしたりする。普段は安い服を着ていても、晴れ着として何十万円の着物を持っていたりすることも珍しくない。

少し前に、『東洋経済オンライン』で、各都道府県の貯蓄額に関する興味深い記事を読んだ。

それによると、平均貯蓄額の一位は東京都で、二位は香川県で、京都は三十六位。

東京には富裕層が集まっており、平均貯蓄額も底上げされているため、一位は当然だろう。が、二位が香川県というのはどういうことだろう？

その記事によると、香川県は降水量が少なく、水に苦労してきた歴史があるため、「水を貯める」ということを重視する意識があり、それが「お金を貯める」ということにつながっているのではないか、とあった。

京都も質素倹約のイメージが強い県のひとつだが、京都の倹約の考え方は、単純なケチとは少し異なっていて、「お金を貯める」ことが目的ではない。

普段は地味でも、使うべきときにはバーッと使うというメリハリがある。これも京都人の興味深い二面性のひとつだ。

筑紫哲也が週末に京都へ通った理由

ところで、ジャーナリスト、ニュースキャスターとして活躍した筑紫哲也氏は週末を京都で過ごし、月曜日にまた東京に戻ってきて仕事をする、というライフスタイルを持っていた。

自身が出演するニュース番組『NEWS23』の金曜日の放送が終わると京都に

直行していたそうだ。

おそらく、東京での生活と京都での生活という二面性を持つことが、仕事によい影響を及ぼしていたのだろう。

これは、他の都市とはまったく別の雰囲気を持つ京都だからこそよかったのだと思われる。東京と名古屋、もしくは東京と大阪ではなく、東京と京都という強いコントラストを持つ組み合わせだからこそ、生活にメリハリが生まれたのではないか。


筑紫哲也氏に限らず、週末を京都で過ごすというライフスタイルを持つ人は多い。生活の中にこういった二面性があれば、新しい刺激が多くなる。アイデアもひらめきやすくなるだろうし、マンネリにも陥りにくいはずだ。

二面性の話で思い出す、もうひとりの著名人は、北野武氏である。

彼がヴェネツィア国際映画祭で金獅子賞を獲ったとき、「映画監督としての北野武と、芸人としてのビートたけし、両方の振り幅が広がれば広がるほど、自分は両方でいい仕事ができる」ということを言っていた。

たしかに「振り幅」というのは、人生を豊かにするキーワードのひとつになるかもしれない。

現代人は、仕事一辺倒になりがちだ。仕事にすべてをかけると言うと聞こえはいいが、生活が一色に染まってしまうのはつまらない。

二面性を持って生活の振り幅を広げた方が、きっと仕事もうまくいくだろうし、人間的魅力も深まるのではないだろうか。

京都は日本人のシェルター!?

これまで述べてきたように東京、京都という二重生活を送る人は意外に多い。

そう考えた場合、京都という街は日本人にとって、〝シェルター〟ではないか、私にはそのように思えてくる。

私自身、いつも短い時間ながら京都に行くと、隠れ家に来たような気持ちになる。やはりある種の〝シェルター〟と感じるからである。

仕事を離れ、東京の喧騒から離れ、人間関係も解き放ち、執筆の仕事に打ち込めるわけであるから、やはり京都タイムは、私自身にとっても大切な時間であるようだ。

東京の大学で研究生活を送っていた人が、京都の大学に移るようなことになると、引っ越し先の大学の先輩から、

「あんた京都に来てよかったなぁ。ここやったら、ゆっくり学問できるわ」

などと励まされたりするそうである。

京都人の視点が不安を和らげる

さて、自らの仕事や将来について考える際、長期的な視点で物事を見つめることは非常に重要だ。目の前のことばかりにとらわれ、短期的な視点でしかものを見ていないと、最初はよくても、いずれ行き詰まってしまう。成果主義なるものも考え直した方がいいかもしれない。

現代社会、とくに東京では合理的なことがよしとされる。人口が過密なので、効率を重視しないと社会がうまく回らない。

しかし、合理主義が行きすぎると、短期的な視点でしか物事を見られなくなってしまうおそれがある。

たとえば会社員として働いていても、目の前の仕事を片付けることに精一杯で、何年も先のことなんか考えている暇はない、という人も多いだろう。短期的な成果主義でしか評価してもらえないため、どうしても長期的な視点を忘れがちだ。

そういう人は、京都人の思考から多くを学べるはずだ。京都人はとても長期的な視点、ロングスパンで物事を考えるからである。

私の京都の定宿は、築百四十年くらいの日本家屋である。先日、京都を訪れた際、その旅館の部屋の天井と床はすべて張り替えられていた。

これは東京的な発想で言えば、ありえないことだろう。東京人にしてみれば、そんな古びた旅館に投資するなら、さっさと新しい旅館を建てた方が合理的に思えるからだ。

しかし、その旅館の女将《おかみ》は、利益よりも家業の存続を第一に考えていて、子の代、孫の代につなぐという長期的な視点があるから、建物のメンテナンスにお金を投じるわけである。

日本は土と木と紙の文化だから、建物のメンテナンスには非常に手間もお金もかかる。一方でヨーロッパは石の文化だから、建物のメンテナンスにはそれほど気を遣わなくてもいいだろう。

東京も、どんどんヨーロッパ的な考え方に近づいていると言える。そういう意味では、昔ながらの日本文化に忠実であるところも、京都人が長期的な視点でものを考える理由のひとつかもしれない。


この定宿もそうだが、京都には「創業百年は新参者」という言葉があるくらい、長い歴史を持つ老舗が多い。

前述した老舗料亭「菊乃井」も創業は大正元年で、百年以上の歴史がある。ご存知のとおり、ミシュランの三ツ星を獲得している店であるが、その値段設定はビックリするほどのものではない。

もちろん割烹に比べれば高いが、一般家庭でもハレの日の場として十分手が届く。庶民にはまるで手の届かない価格設定の東京などの料亭と比べると、大きな差がある。

これは、京都の文化が、町衆のためのものだからだ。町衆にそっぽを向かれてしまったら、どんな有名店も長続きしないという考え方なのだ。

だからたとえば、日本中がバブルでにぎわっていた頃も、京都の料亭が庶民の手の届かない存在になることはなかった。バブルがはじけて日本のあちこちの料亭が廃業しても、京都の料亭は一軒もつぶれなかった、という話も聞いたことがある。

また、京都はマスコミへの露出を嫌う店も多い。これは京都に限ったことではないかもしれないが、京都はとくにその傾向が強い。

マスコミの取材を受け、人気のあるテレビ番組に取りあげられたりすると、最初はいい。お客さんが劇的に増え、売上が大幅にアップする。

しかし、よそから集まった客に席をとられて、常連客が離れていってしまう。そして、テレビを見てやってきた客たちは、一度店を訪れたら最後、再びその店に足を運ぶことはない。

長い目で見ると結局、店の経営を危うくするだけなのである。それがわかっているから、京都の店はマスコミ取材に対して慎重なのだ。

京都人がよく使う言葉に、「商いと屏風は、広げれば広げるほど倒れやすい」というものがある。

一時の利益に目がくらんで、あれもこれもと手を出すと、結局は店をつぶしてしまう。これも、長期的な視点を持つ京都人ならではの考え方と言えるだろう。

京都の経営者はある意味、ギルド的な考え方を持っている。同業者はライバルではなく仲間であり、互いに助けあって業界全体で発展していけばいい、という考え方だ。

東京などの他の都市では、シェアを争うライバル店に力を貸すという発想は、なかなか生まれない。よくも悪くも競争社会であり、どうしても短期的な成果が重視されるため、競合他社に手を貸している余裕はない。

激しい競争社会だからこそ東京、そして日本がここまで発展できたのだとも思うが、もう少し、長期的な目線も持ちたいものである。

京都人は言う、「気を長《なご》うもたんとあきまへん。飽きずに続けますさかい〝商《あきな》い〟なんや」と。短期的な成果主義に疲れたときにぜひとも思い出したい言葉だ。

京都的考え方は経営者的考え方に通じる

長期的な視点でものを考え、家業を代々つないでいくことをなにより重視する京都人の考え方は、日本の優秀な経営者たちにも共通する部分が多い。

彼らが長期的な視点でものを考えられるのは、「会社は誰のものか」という問いに対する答えがはっきりしているからだろう。

「会社は誰のものか」というのは非常に大きなテーマであり、いろいろな考え方ができるが、優秀な経営者の回答は驚くほど共通している。

それは、「会社は、社員とその家族のためのもの」という答えだ。

会社は消費者のためのものでもなければ、株主のためのものでもないというわけだ。

たしかに、そう考えると、長期的な視点を持たざるをえない。社員とその家族のためになによりも優先すべきは、会社が長く存続することである。

会社を長続きさせることが常に最優先事項になっていれば、目の前の利益に飛びついたり、株主への配当を気にしすぎたりして判断を誤ることは少なくなるだろう。


少し前に、雑誌の企画で、一部上場企業の部長以上を対象とした匿名のアンケートを行っており、興味深く読ませてもらった。

「生まれ変わったらどんな会社に勤めたいですか？」という質問に対して、ほとんどの人が「今とはちがう会社がいい」というような回答をしていた。

理想の職場なんてそうそうないだろうし、多かれ少なかれ誰もが自分の職場に不満を感じていると思うが、原因のひとつは長期的な視点を忘れていることかもしれない。

「自分がなにをやりたいか」といった本質的なことより、目先のことを優先して、理想とかけ離れた状況になっていく、といったことは意外と多いのではないだろうか。

小倉昌男の中にあった京都的発想力

現代の日本を代表する優秀な経営者といえば、私の頭には、ふたりの名前が思い浮かぶ。

ひとりは、クロネコヤマトを作った小倉昌男氏だ。彼もやはり「会社は社員を大切にしなくちゃいけない」「会社は永続しないといけない」という考え方の持ち主だった。

小倉氏の大きな功績は、流通のネットワークをどんどん拡大し、完成させたことと、〝乗り継ぎ制〟を採用したことだろう。

日本の流通の大動脈は言うまでもなく東京と大阪を結ぶラインだ。それは今も昔も同じであり、だから東海道新幹線もあれば、国道一号もあれば、東名、名神高速道路もあるわけだ。


小倉氏は、東京と大阪のおおよその中間地点、浜松に、多額の資金を投じて巨大な中継センターを作った。

なぜ、中途半端な位置にも思える浜松に中継センターが必要だったかというと、社員のためなのである。

東京と大阪の流通を考えてみよう。まず東京でトラックが荷物を積んで運び、大阪で降ろす。そうしたら今度は、大阪で荷物を積んで、東京へ帰ってくる。

非常にシンプルな仕組みであり、とくに問題はなさそうに見える。

しかし、小倉氏はこのやり方に満足せず、東京と大阪の間に中継センターを設けた。これが〝乗り継ぎ制〟である。

そうすると、なにが変わるか。

東京の荷物を浜松に運ぶ。大阪の荷物も浜松に運ばれる。そして、東京から浜松に荷物を運んだトラックは、今度は大阪からきた荷物に積み替えて東京へ戻るのだ。積み替えるといっても、トラックのコンテナを交換するだけの簡単な作業である。

これによって、朝、東京を出た運転手は、その日の夜に東京に帰ってくることができ、朝食も夕食も家族と一緒に食べられるというわけだ。

これは、利益優先の考え方ではなかなか出てこない発想だ。「会社は社員とその家族のためのもの」という考え方がなければ、大阪に行って、そこで一泊して翌日、東京に帰ってくるという流れを変える必然性が見当たらないだろう。

また、クロネコヤマトは配送トラックの構造も特徴的だ。

トラックから荷物を降ろして受取人に届ける場合、通常だと車を止めたあと、車の後ろにまわって扉を開け、荷物を取り出す必要がある。しかしこれだと、乗り降りや扉の開閉時に事故に遭う危険性がある。

そこで、小倉氏は配送トラックの構造を変えた。荷物を配達する車に助手席はいらないと助手席をなくし、さらにトラック内部の天井の高さを確保して、車の中で立ったまま自由に動けるようにした。

そして、助手席側のドアをスライド式や折り戸にした。これは、左側通行の日本で路傍に幅寄せして停車した場合、通常の扉だと助手席側のドアはほとんど開かず、かといって運転席側から降りれば危険が伴う。

つまり、より運転手の安全を確保するための工夫だったわけである。

これによって、トラックから降りずに運転席からそのまま後ろの荷台に移動し、荷物を取って外に出る、ということが可能になった。

配達員が事故に遭う危険性が減り、荷物の積み降ろしもスピードアップしたのだ。

小倉氏は東京人だったが、彼のこうした発想は京都的な考え方に通じるものがある。

もうひとり、日本を代表する経営者の話をしよう。現在は富士フイルムの会長になっている古森重隆氏だ。

一九七〇年代の終わり頃、デジタルカメラが市場に出てくるという予感が業界全体にあった。しかし、業界の雰囲気は「デジタルカメラが出てきても、銀塩フィルムにはかなわない」という楽観的なものだったという。

「デジタルカメラのシェアは全体の数パーセントにすぎないだろう」「銀塩フィルムが駆逐されるわけがない」とたかをくくっていたわけである。

しかし、古森氏はちがった。彼は、デジタルカメラの時代が本格的に到来したら、既存のフィルム会社はすべてつぶれてしまうと感じていた。

当時、部長だった彼は、「このままだったら、会社はつぶれます。七万五千人の社員と家族を路頭に迷わせることになりますよ」と社長に何度も訴えた。

はじめのうちはなかなか取りあってもらえなかったが、古森のしつこさに、社長は「そこまで言うなら、会社の今後についてまとめたレポートを見せてみろ」と言ったわけだ。

彼は待ってましたとばかりにレポートを作成し、社長に提出した。すると、それから四年後、社長から後継者に指名され、会社の構造改革に着手することになる。

彼の指揮のもと、徹底してデジタル時代に備えた富士フイルムは、どこよりも早くデジタルカメラを市場に投入し、三年連続でデジタルカメラのトップシェアを独走することになった。そして、それと並行して会社の構造改革も進めていく。

なお、富士フイルムと言えば、化粧品「アスタリフト」のヒットも記憶に新しいところだ。中島みゆきと松田聖子のふたりを起用したCMも話題になった。当時、「なぜ、富士フイルムが化粧品を出すの?」と思った人も多いだろうが、化粧品の原料であるコラーゲンは、実は写真フィルムには欠かせない。富士フイルムは八十年以上コラーゲンの研究を続けてきた実績があった。だから化粧品に写真フィルムの技術を応用できたのだ。

古森氏の先見の明があったからこそ、富士フイルムは、写真フィルムメーカーから総合精密化学メーカーへのトランスフォームに成功し、時代の波を乗り越えることができた。

そこにはやはり、会社を存続させるための強い意志が感じられる。会社の存続を真剣に考えるからこそ、デジカメを軽んじる業界の楽観的なムードに流されなかったし、会社の危機を社長に強く訴えることができたのだろう。

世の中には、「自分の会社には未来がない」と感じながら働いている人もきっと多いだろう。

古森氏のような行動はなかなかできるものではないが、会社の未来を「同僚の未来」とつなげて考えることができれば、仕事に対する意識が少し変わってくるのではないだろうか。

第二章

元気の出ない人へ

～京都的コミュニティで人・地域を活性化～

日本がなくしてしまったもの

最近、物騒なニュースを耳にする機会が多くなった。

子どもが親を殺《あや》めたり、お年寄りが孤独死したり、テレビや新聞で、そういうニュースが日常的に報道されている。

世間的にも「物騒な世の中だから、余計なことをするとなにがあるかわからない。だから、他人にはあまり関わらない方がいい」といったムードが流れている。

なぜ、こうした世の中になってしまったのだろうか。


それは、かつて存在していたコミュニティがなくなってしまったからだと、私には思えて仕方がない。

私が子どもの頃は、学校が終わると校庭がそのまま自分たちのたまり場になった。公園や駄菓子屋もそうだ。そこへ行くと必ず誰かがいて、会話できる場所というのがたくさんあった。

小さな公園で〝缶蹴り〟なんかをしていると、知らないおじさんに「危ないから他の遊びをやれ」などと怒られることも頻繁にあった。

当時は他人の子どもでも平気で叱る大人が大勢いたものだが、最近はめっきり見なくなった。下手に叱るとその子の親から苦情がきたりして面倒なことになるのだから当然だ。


あの頃の雰囲気を象徴するものとして私の心に残っているのは丸大ハムのCMだ。父親が子どものためにハムをナイフで切って、たき火で焼く映像が流れ、「わんぱくでもいい、たくましく育ってほしい」というナレーションが入る。印象的なCMだったので覚えている人も多いかもしれない。

現代では「わんぱく」「ガキ大将」「番長」といった言葉は、ほとんど死語になっている。子どもが外で遊んでドロだらけになって帰ってくる、というようなことも都会では少なくなった。

それは、ひとり遊びの時間が増えたことも大きな理由だろう。最近の子どもは、携帯ゲーム機やスマートフォンを当たり前のように持っている。

ゲームをやっていれば友だちがいなくても退屈することはない。だが、ゲームでは社会のルールや、大人との付き合い方は学べない。

ゲームの中では憎い敵がいればやっつけてしまえばいいし、敵にやられてしまっても何度でも簡単にリセットできる。しかし、現実社会ではもちろん、そうはいかない。

かつて自分たちが子どもだった頃は、友だちと殴り合いのケンカもしたわけだが、そこで手加減というものを学ぶことができた。ケンカの経験があるからこそ、「これ以上やったらダメ」というラインがわかるのだ。

少年犯罪のニュースなどを見て「最近の子どもは手加減というものを知らない。われわれの頃は……」と思う大人は多いはずだ。

現代は、コミュニティがセキュリティに変わった時代と言ってもいいだろう。

たとえば、あるマンションに住んでいる人が「物騒な世の中だから、マンション内のつながりを深めよう」と考え、マンションの住人たちが互いに連絡を取りあえる連絡網を作ろうとする。

そうすると、「個人情報保護法がありますから、そういうのはちょっと……」という話になってしまう。

ＩＴ時代が本格的に到来し、誰もがネットワークにつながった情報端末を所有する時代であるから、個人情報を守る法律の必要性は理解できる。だが、これも現代の人間関係の希薄さに拍車をかけているのではないだろうか。

公衆電話の設置台数もどんどん減っているし、パソコンやスマートフォンはもとより、携帯電話に手が届かないお年寄りたちは孤立してしまう。

この前、ビックリした出来事があった。私は今のマンションにもう二十年くらい住んでいて、私の真下の部屋にも、二十年前から同じ人が住んでいる。

もちろん私はその住人のことを知っているのだが、顔を合わせる機会はほとんどなかった。それがこの前、たまたまマンションの駐車場で鉢あわせたのだ。そのときに彼が「こんにちは」と私を呼び止め、次の言葉が衝撃的だった。彼はなんと「はじめまして。これから、よろしくお願いします」と言ったのだ。二十年来のご近所さんにこのようなあいさつをされた私は非常に戸惑ってしまったのだが、考えてみれば、それも当然なのかなという気もする。

今の時代、ほとんどの人は、自分が住んでいるマンションの他の部屋に誰が住んでいるかなんて、興味を持っていないだろう。


また、コミュニティがなくなった結果、現代は人間としての経験値を積みにくくなっているとも言えるだろう。

たとえば、有名大学に入るために、小学生でも学校が終わったら塾へ直行するのが当たり前になっている。中学校に入っても、高校に入っても塾と学校の往復が続く。

これでは、学力はあがっても、人間的な経験値はあがっていかないのではないか。

私は、学力や学歴は、賢さには直結しないという気がしている。賢さというのは要するに、「生き方がうまい」ということではないだろうか。最近はそういう意味で、「賢い人間」が少なくなっているように思えてならないのだ。

そういう時代にあって、京都は人と人とのつながりが非常に濃い街であり、現代人が失ってしまったコミュニティが今でもたくさん残っている。

ということは、京都には少年犯罪や孤独死など、現代社会が抱える悩みを解決する手がかりがあるのではないだろうか。

今、東京や地方都市のマンションなどで、京都的とも言える新しい動きが起きている。

マンションは前述したように「セキュリティ」「プライバシー」の代名詞のような住まいである。そのマンションで、最近はコミュニティ重視のものがいくつも建設されているのだ。

そして、そうしたマンションの購入者は、団塊の世代などの、シニアの人たちが中心であるという。

団塊の世代は、日本の高度経済成長の推進力だった。

〝うさぎ小屋の働き蜂〟と言われながらも、彼らはがむしゃらに働いた。そして、彼らのプライベートでの夢は、一戸建ての家を持つということでもあった。しかし、それを実現したサラリーマンも、定年後にその家を手放すケースが相次いでいるという。

住宅地に一戸建てを持つということは、不便なことも多い。まず、買い物に行くにしても不便であるし、娯楽施設もない。郊外の住宅地であれば、なおさらである。

また、傾斜地にあれば、坂の登り下りも大変である。家に庭でもあれば、その手入れも年をとれば難儀になってくる。

そうした人たちのために、駅近の、娯楽施設の多い場所で、今までの仕まいの半分程度の、夫婦向け大規模マンションが人気を博しているそうである。

ある十三階建てのマンションは、一フロアおきに、談話室と多目的ホールが配置され、棟内には大浴場、診療所、そしてレストランまでも併設されている。

要するに、住人が縦横のコミュニケーションを活発に行える仕掛けがされているわけである。

Ｔｗｉｔｔｅｒ、Ｆａｃｅｂｏｏｋなどが人気を博していることからもわかるように、人とつながりたいというのは人間の本性なのだと思う。

そう、今、東京のような大都会でも、人は人とのつながりを求めることに回帰しているのかもしれない。

こうして浮かび上がってくるのが、ふたつめのキーワード、「サステナビリティ」だ。

〝お好ミュニティ〟が元気のもと!?

具体的に言うなら、京都には、現代人が忘れてしまった日本の風景、言わば「古きよき昭和」というようなものがいまだに色濃く残っている。

そういう意味で、千二百年の間、歴史を守ってきた京都は、サステナビリティの高い街だと言えるだろう。

サステナビリティは「持続可能性」という意味である。京都には、どんなに時代が変わっても京都らしさを守り続けていくサステナビリティがあるのだ。

たとえば京都の街を歩いていると、駄菓子屋などもよく見かける。都心では駄菓子屋を見かけることはほとんどなくなってしまった。

が、東京の私のマンションの近所には、一軒の駄菓子屋がかろうじて残っている。ある日、私が散歩をしていると、その駄菓子屋のそばで、いかにも裕福そうな身なりをした三人の女の子を見かけた。

彼女たちはその駄菓子屋に向かっているようで、角を曲がって店が見えたとたんにテンションをあげて駆け出したのだ。

こういう光景を見ると、駄菓子屋というのはいつの時代も子どもの心を引きつける魅力があるのだと実感する。


今、わかりやすい例として駄菓子屋を挙げたが、そういうものが京都にはまだたくさんある。

ほかにも、「角のタバコ屋のおばあさん」というのも古きよき時代の象徴のひとつだろう。東京などでは小さなタバコ屋は経営的に難しい状況になって、ほとんどが自動販売機に置き換わっているが、京都では今も当たり前のように存在する。

だいたいは「あそこの角のタバコ屋のおばあさんは、町内のことはなんでも知ったはる」みたいな感じで、街のご意見番のような存在になっている。実際、「どこそこのナントカさんは心臓悪うして、入院してはる」などと町内の人間のことにすごく詳しいのだ。

やっぱり今でも人と人とのつながりが濃い京都だからこそ、駄菓子屋やタバコ屋が生き残れるのだろう。

少し前に、新京極のウナギ屋の前で、とても心温まる光景を見た。ある日曜日に、私がそこを通りかかると、ひとりのおばあさんとその孫と思われる子どもが、店の前に置かれた立て札をじっと見つめていた。

その立て札には、「営業は十一時半からになります」とつれなく書かれている。

時計を見ると、時刻は十一時十五分だった。

ふたりはきっと、京都の郊外に住んでいて、「〇〇ちゃん、今度の日曜日、おばあちゃんと一緒に京都の新京極行こか」「うん！　行きたい！」みたいな話をしたのだろう。

「お昼、なに食べよ？」とおばあちゃんに聞かれた孫が「ウナギ食べたい！」と答えたにちがいない。「ウナ丼か？　ウナ丼はおいしいな！　ほなウノギ食べよか」という会話を想像する。そして、いざ、ウナギ屋の前に来てみたらまだ開店していなかった、というわけだ。

あなたならどうするだろうか。おそらく、どこかよその店をまわって、開店までの十五分をつぶすのが普通だろう。

しかし、その子どもは、その場を立ち去るどころか、開店前の店の中に突進していった。そして、しばらくして出てきて、「ばあちゃん、ええって。やってるて。はよ来《き》い、はよ来い」と言うわけだ。

これが東京だったらどうだろうか。きっと「すいません。十一時半からの営業になります」と言われておしまいだろう。

人とのつながりが濃い京都では、店の人も客の事情を察して臨機応変に対応しているのだ。

こういった人とのつながりの濃さ、人情の深さみたいなものは、犯罪の抑止にもつながっていると言えないだろうか？　京都が持つサステナビリティを支える土台を見たような思いがした。

ウナギの話が出たので余談ではあるが、関西と関東ではウナギの調理法が異なることをご存知だろうか。

関西では、「地焼き」といって、ウナギを直接焼いて、タレをつけて鰻重や鰻丼にするが、関東では焼く前に「蒸す」という工程が入る。

ウナギのさばき方にもちがいがあって、関東では背中から裂くが、関西では腹から裂く。これは一説には、関東は武士の文化が強く、切腹をイメージさせるため、腹から裂くのを嫌うという。

また、商人文化の強い関西では「腹を割って話す」ことからウナギも腹から裂くと言われている。

たしかに腹を割って話せるのは、東京人よりは関西人の方かなという気はしなくもないと思った私なのであった。

また、あるとき京都の小路を散歩していると、ふと気になる小さなお好み焼き屋さんがあった。別段変わった店でもなかったのだが、どこか引かれるものがあった。

小腹も空いていたのでそのお店に入ると、昼下がりで、私の他に客はふたりだけだった。

お品書きを見て、その値段の安さに驚いた。「お好み焼き（スジ、豚、イカ）各五〇〇円、ビール四五〇円」と書いてある。

さらに驚いてしまったのは、その営業時間である。午前十一時〜午後四時なのだ。しかも、水曜日定休と書いてある。

一日わずか五時間しか営業しない店に、ちゃんとその地区の人と思われるお客さんが根付いている。そして、入れ替わってゆく。

カウンターの向かいには、母親と息子と思われるふたりが立っている。そして、息子は母親に向かって、「お母はん、それコショウとちゃう、塩や。コショウはこっちや」と、ちょっと慌てたような様子でたしなめている。

そのドタバタにお客は別に驚くでもなく、ニコニコしながら、お好み焼きができあがるのを今か今かと待っている。

ビジネスとして考えたら、普通こうしたお店はとてもやっていけないであろう。ここは飲食店というより、住人の〝お好ミュニティ〟になっているのではないだろうか。

お客のひとりが、お店の奥から出てきた女の子に向かって、「〇〇ちゃん、何年生になったんや?」「三年生や」「ほんまか、ほんまに大きなったなぁ」と言った。

日々、そんな会話が交わされているのだろう。

しかもその後、お客さんのひとりがテイクアウトで注文した焼きそばを忘れていってしまった。

それに気がついたお店の人は、なんと携帯電話を取り出し、さっそく電話で連絡をしたのだ。どうやら常連さんらしく、お互いの携帯電話でやりとりしているようだ。

十分もしないうちにお客さんがお店に舞い戻ってきて、

「いやー、ほんますんまへんなぁ」

「どうってことあらへん」

という会話があり、何事もなかったようにお店を後にした。

私はなぜかちょっと幸せになったような気分で店を後にした。

京都ではこの店に限らず、こうした飲食店が数多くある。店を経営するもの、利用するもの、双方が地縁で結びついているからこそ、こうしたお店が成り立っているのだろう。

地蔵盆が人を元気にする

京都を支えているものを考えたとき外せないのは、伝統行事だろう。地域住民みんなが参加する行事が今も盛んだ。

これも京都の地縁・血縁の濃さゆえに引き継がれているのであり、東京のような他の大都市と京都との大きなちがいのひとつと言える。

たとえば地蔵盆である。地蔵盆はひと言で言うなら「お地蔵様のお祭り」のようなものである。子どもたちの健やかな成長を願って実施される行事で、年に一度、八月中旬から下旬に行われる。

地蔵菩薩の縁日である八月二十四日の前日に行われることが多いが、最近は参加者の都合を考慮して二十三日前後の土日に実施する町が増えているそうだ。

具体的になにをするかといえば、町内のお地蔵さんの祭壇を飾りつけて、お供えをするのだ。そして、お地蔵さんを祀《まつ》った祠《ほこら》の前などに子どもたちが集まって、料理やお菓子を食べる。

私はあるとき、たまたま地蔵盆の会場を通りがかり、そこにあった『地蔵盆のため車の通行はご遠慮ください』という貼り紙に驚いたことがあった。

こうした小さな町の行事のために、自前の交通規制が行われるわけである。

また、僧侶による読経や法話の他、子どもたちが楽しめるゲーム大会や福引きなどが行われたりすることも多い。

京都では、新しく子どもが生まれた家は、地蔵盆の際にその子の名前を書いた提灯をお地蔵さんに奉納するという風習もあって、その提灯は、その子どもが地蔵盆に参加している間、毎年飾られるという。

お地蔵さんがない町では、隣町や寺院から借りてくることもあるというのだからすごい。

実際、知り合いの京都人が「うちの町な、お地蔵さんあらへんのや。そやから、隣の町から借りてきますねん」と言っていて、京都人にとってはそれほど重要な行事なのかと改めて感心した。

地蔵盆は、子どものためのお祭りという意味合いが強いが、実際に計画し、主催するのはもちろん親たちである。地蔵盆の準備をするために地域住民が集まって話をすることは、まちがいなく地域コミュニティの活性化につながっているだろう。

地蔵盆は同じ地域に住む人々の絆を深め、地域の連携を促進する重要な役割を担っているのである。また、子どもたちが行燈《あんどん》の絵を描くなど、大人と一緒に準備に参加することで、世代間の交流も生まれる。

忙しい現代人にとって、こういった行事はわずらわしい面もあるだろうが、地域住民のネットワークを維持する点でも、非常に意義深いとも言えるのではないだろうか。

地蔵盆を行う地域は京都だけではないが、東京のような大都市ではなかなかマネのできないことだろう。そもそも大人が忙しくて時間的に余裕がないし、そういった伝統行事に意味を感じない人も多いはずだ。

こういった伝統行事は東京的な合理主義とは相性が悪い。京都人は神仏に対する思い入れも強く、合理性だけを重視しないからこそ、京都人は地蔵盆を、これからもずっと引き継いでいくのだろう。

結束力を高める祇園祭

さて、京都を代表する伝統行事と言えば、やはり祇園祭だろう。この祭りは貞観一一年（八六九年）から現代まで脈々と続いている京都の夏の風物詩だ。

これまでに祇園祭が行われなかったのは応仁の乱のときだけだという。毎年、多くの観光客が訪れる日本屈指の祭りである。

祇園祭のルーツは、平安京の庭園である神泉苑で行われた御霊会《ごりょうえ》だ。御霊会は、疫病による死者の怨霊などをなだめるための鎮魂の儀式である。当時、平安京では疫病によって多くの死者が出ていたのだ。

そんな祇園祭のハイライトは、山鉾巡行《やまほこじゅんこう》だ。京都の中京区の中心部を、各町の山鉾をつけた山車《だし》が巡行するのである。豪華絢爛に装飾された山鉾が街を巡行する姿は「動く美術館」などとも称される。

私は京都に滞在中、タクシーに乗っているときに偶然通りがかって山鉾巡行を目にしたことがあるが、その日は運悪く土砂降りだった。

いつもは大勢押しかける観光客も、この日ばかりは潮が引いたようにまったくいなかった。しかし、京都の町衆はカッパを着て、激しい雨の中、いつもどおりの山鉾巡行を行っている。

しばらくその光景を窓越しに眺めていた運転手が、「こればっかりはな、地震で地割れでもないかぎり、やらなあかんのや。言わば京都人の定めやな」と言った。

京都人にとって祇園祭とはそれほど大事なものなのだ。大雨が降っても、見物人がいなくても、絶対にやらなければならないものなのである。

この祇園祭も、地域の結束力を高める上で、非常に大きな役割を果たしているにちがいない。祭りというのは、地元の人間たちが一致団結する絶好の機会である。祭りに参加することで地元愛も強まるものだ。

話は少し逸れるが、私が一番最初に買ったデジカメはオリンパス製だった。当時、会員登録したオリンパスのデジカメユーザーには、ユーザーが投稿した写真を掲載した季刊誌が送られてきた。

さまざまな写真が載っているその雑誌を見て気づいたのは「老若男女を問わず、祭りのときに人は一番いい表情をする」ということである。老いも若きも、男も女も、お祭りの中にいるときの顔は、とても晴れ晴れしていて、実にうれしそうなのである。

最近は少子化の影響もあって、地域コミュニティの存続が非常に困難な時代になっている。商店街はどんどんシャッター街になっていっているし、街中で見かける空き家の数も増えている。

そうした中で、「地元の祭り」というキーワードは、地域のサステナビリティを高めるひとつのヒントになるのではないだろうか。

京都人は〝必要なムダ〟を見極める

サステナビリティという言葉には、ただ持続していくだけでなく、環境面や社会的な側面においても責任を持ちながら継続させていく、というニュアンスが含まれる。

つまり、ただ続けるのではなく、うまく工夫しつつ、ときには続けるための変化も受け入れる必要があるということなのだ。

そういう意味で思い浮かぶのは、京都にある「マドラグ」というカフェである。

ここは二〇一一年にオープンした店だが、中に入ると昭和を思わせる、懐かしい雰囲気が漂っている。オープンから五年と経っていないのに、なぜそんなレトロな雰囲気が備わっているのだろうか。

それは、マドラグが店を再利用しているからだ。マドラグができる前、その場所は「セブン」という喫茶店だった。

セブンは約五十年間営業を続けていたが、オーナーが亡くなって閉店した。その後、現在のマドラグのオーナーがセブンをリニューアルオープンさせたのだ。

また、マドラグはセブンの他に、喫茶店「みゅーず」、洋食店「コロナ」という二店の遺伝子も引き継いでいる。みゅーずもコロナも閉店した店だが、マドラグは、みゅーずからはナイフ、フォークといったカトラリーやベンチシートを、コロナからは人気メニューだった玉子サンドを受け継いでいる。

歴史ある三店舗の魅力が詰まった店だからこそ、マドラグには開店当初から、懐かしい空気感が備わっていたのだ。

おもしろいのは、マドラグが時代に合わせたアレンジも加えているところだ。内装はセブン時代とほとんど同じだが、カウンターが高くなっているし、コロナから受け継いだ玉子サンドも、牛乳の割合を増やして、より柔らかな食感に仕上げているそうだ。

伝統や歴史を大切にしながらも、新しい要素を上手に取り入れ、巧みに歴史をつないでいく。非常に京都らしさが感じられるカフェである。

東京だと、こういったことはおそらく難しいのではないだろうか。

東京はよくも悪くも競争社会だ。客の心にドスンと響くわかりやすい魅力がなければ、他店から客は流れてこない。「昭和を感じさせる懐かしい雰囲気」に大きな価値を感じる人もいるとは思うが、きっと少ないだろう。

どんな店でもゆっくりコーヒーを飲めればそれで十分、と感じる人が多そうである。仕事に追われ、忙しく毎日を過ごしているから、カフェの雰囲気を楽しめるほど心に余裕がないのかもしれない。

マドラグに限らず、京都には雰囲気のいいカフェが多い。おもてなしの精神が根づいているとも言えるが、京都のカフェには、なんとも言えないくつろぎやすさがある店が多いのだ。

もしかしたら京都人は、空間性を感じる神経が繊細なのかもしれない。日本には「察しの文化」があるが、日本の伝統的な文化を守り続けている京都人は、目に見えない雰囲気のようなものを察し、感じ取る力も優れているのではないだろうか。

そう考えると、京都のカフェや京都の街全体に漂う雰囲気のよさも説明がつく。また、そういう感覚に優れているからこそ、必要以上に合理主義に流されず、大切な伝統文化を守り続けられるのかもしれない。

京都という街を歩いていて感じることは、一見ムダに見えるものを大切にすることの重要性だ。

前述したように、東京的な価値観で眺めると、地蔵盆という伝統行事にはあまり価値が見出せないかもしれない。

子どもの健やかな成長が目的だとすれば、道ばたのお地蔵さんにお願いするよりも、いくらでも効率的なやり方がありそうな感じがする。

しかし、そんな伝統行事を毎年続けていくことが、地域住民の親睦を深め、結局は京都という街の歴史と文化を守ることにつながっているのだ。

近頃は、大型ショッピングモールの台頭などによって、日本の商店街はどこも厳しい状況に追い込まれている。しかし、京都の商店街は錦市場をはじめ、今なお活気がある。

日本各地で地域の衰退が深刻化しているのは、日本全体が合理主義に傾きすぎているのが原因のひとつではないだろうか。

ムダというのは、ある意味で「ゆとり」につながる面がある。たとえば車のハンドルでも、必ず「遊び」の部分が設けられていて、少しハンドルを回しただけでは車輪の向きには影響しない。

ハンドルの遊び部分は一見ムダなように感じられるが、実際は、遊びがなければ運転できない。遊びがあるからハンドルのちょっとした動きにも車輪が反応することなく、操作しやすいのだ。

人生にも、これと同じことが言える場面は多いだろう。とくに、人付き合いではそういう面が大きい。仕事の話をする前に交わすちょっとした世間話は、言ってみればムダなものであるが、そういった会話をすることで場の雰囲気が和み、本題にも入っていきやすくなり、互いのコミュニケーションが促進される。

現代社会は効率を重視しすぎ、ムダを徹底的に省いた結果、世の中がギスギスしてきたという面もあるのではないか。

店にしても、ムダを省くことが店員のモチベーション低下につながり、結果的に店の雰囲気に影響する、といったことはありうるだろう。

そういう意味では、京都という街は、〝必要なムダ〟と〝不必要なムダ〟をしっかり見極める力を備えているとも言える。

京都人は質素倹約を主としているが、ハレの日にはお金を惜しまないという一面もある。これも自分の中で、意味のあるムダと意味のないムダをきちんと区別できているからこそだろう。

京都人に倣って、人生の余白《のりしろ》を削除しすぎないようにしたいものである。

第三章

人生で成功したい人へ

〜〝ひらめき〟を引き寄せる京都的ヒント〜

論理的思考は成功につながるか？

この章では、日々の仕事でアイデアを出し、ひらめきを呼ぶ方法について考えてみたいと思う。

仕事に行き詰まって、具体的な解決策が見えないことはないだろうか？ さまざまな案を頭の中でシミュレーションし、ああでもないこうでもないと悩み続け、帰宅してからもずっとそのことばかり考えている。

それでも、現状を打破する方法が見えてこない。最終的には「とにかく、がんばるしかないな」と自分に言い聞かせて眠りにつく……。

こういったことは多かれ少なかれ、誰でも経験があるだろう。

日本人は「努力は報われる」と考えがちだ。一生懸命頭を働かせ、努力し続けていれば、成功に近づけると漠然と信じている人が多い。

たしかに仕事で成功している人は例外なく努力している。しかし、努力した人が必ず成功しているかと言えば、そうとは言えないだろう。

成功をつかむためには、論理的思考や努力といったもの以外に、運を味方につける力が必要だ。それは、偶然の出来事の中から、かけがえのないなにかを発見する鋭い感受性のようなものである。

大きな成功を収めている人には、この能力が備わっている人が多くいる。言わば、偶然訪れた幸運を見逃さずに、しっかりつかみとる力を持っているのだ。

ここで伝えたいのは、必ずしも論理的思考の延長線上に成功があるわけではないということだ。

たとえば、ノーベル賞を例に考えるとわかりやすい。

もし、ロジックの積み重ねで成功をつかみとれるなら、明晰な頭脳を持つ秀才から順番にノーベル賞が与えられているはずだ。しかし、実際にはそうなっていない。

ノーベル賞受賞者たちはもちろん優秀な頭脳を持っているが、彼らと同等もしくはそれ以上の頭脳を持ちながら、ノーベル賞を受賞していない秀才たちが世界にはたくさん存在する。

仕事で大きな成功を収めるためにもっとも大切なものは、明晰な頭脳でも、死にもの狂いの努力でもない。

論理的思考と大きな成功との間には、埋めがたいギャップが存在する。幸運の女神にウインクされなければ、そのギャップを埋めることはできないのだ。

ここで、ある言葉を紹介したい。

「セレンディピティ」という言葉をご存知だろうか。聞き慣れない人も多いと思うが、これは『The Three Princes of Serendip（セレンディップの三人の王子）』という童話にちなんだ造語で、「ふとしたことからひらめきを得る能力」を指す言葉である。大辞林では「思いがけないものを発見する能力」と説明されている。

聖路加国際病院の名誉院長である〝百四歳の医師〟日野原重明氏は、セレンディピティを「思いがけない拾いもの」と訳していたが、これもとてもわかりやすい説明だと思う。

セレンディピティは、仕事で大きな成果を残すために、欠かすことのできない能力である。つまり、成功をつかむためには、知恵を絞って論理的思考を突き詰めるだけでは足りず、セレンディピティを高め、幸運の女神からのウインクを待つ必要があるということだ。


事実、ノーベル賞受賞者は、セレンディピティの高さを感じさせるエピソードには事欠かない。

たとえばノーベル化学賞を受賞した白川英樹博士だ。

あるとき、彼の留学生の研究員が、ある化学反応の実験を行う際に、勘ちがいから通常の千倍の濃度の触媒を使用した。

普通なら笑い話で終わるような、単純でバカバカしいレベルのミスである。しかし白川博士は、その研究員が使用した異常に高い濃度の触媒によって、通常では見られないポリアセチレンの薄膜が生まれていたことを見逃さなかった。

彼はその後、触媒の濃度をさらに高めて研究を続け、結局はそれが電気を通すプラスチックの発見、そしてノーベル賞受賞につながっている。

「自然に親しみ、本物を見て自然の不思議と遊ぶこと」

白川博士が講演などで繰り返し述べる言葉だ。


また最近、世界中で注目度が高まっているヘリコバクター・ピロリ、いわゆる「ピロリ菌」の発見も、セレンディピティの産物と言える。

ヘリコバクター・ピロリは、オーストラリアのロビン・ウォレンとバリー・マーシャルというふたりの医師によって一九八三年に発見された細菌だ。

当時ふたりは、胃炎患者の胃の粘膜にらせん菌が存在することを証明すべく菌の培養に挑戦していたが、なかなかうまくいかなかった。

あるとき、マーシャルがバカンスのために休暇をとった。それによって通常は二日間で終わらせる菌の培養が放置され、五日間が経過した。

休暇から帰ってきたマーシャルは、放置されていた培養シャーレを見つけ、すぐに自分の失敗に気づいたはずだ。普通なら、シャーレを捨てて新しくやり直すところだが、彼はそのシャーレを顕微鏡で覗いてみた。

するとそこには、これまでに見たこともない形状の細菌がいたのだ。

ピロリ菌発見の瞬間である。

ピロリ菌は通常の菌より増殖のスピードが遅く、培養に時間がかかるため、従来の方法ではなかなか見つからなかったのだ。

もちろん新しい細菌を発見しただけではノーベル賞とはならない。ふたりはこの菌が胃炎や胃潰瘍《かいよう》の原因であると考え、研究を続けた。マーシャルは培養したピロリ菌を飲んで、自らの体内に取り込み、胃炎が発症することを証明してみせた。

こうしてロビン・ウォレンとバリー・マーシャルは、ピロリ菌と病気の因果関係を明らかにし、二〇〇五年にノーベル生理学・医学賞を受賞した。

ちなみに当時、胃に細菌がいるという意見はほとんど支持されていなかった。というのも、胃の中というのは胃酸など消化液に富んだ強酸性であるため、とても細菌が生きられる環境ではないと考えられていたからだ。

そのため、胃潰瘍の原因についてもストレス説が主流だった。攻撃因子と防御因子があり、攻撃因子が防御因子を上回ると胃潰瘍になる。その攻撃因子の中でとくに大きいものがストレスである、というわけだ。

WHO（世界保健機関）がピロリ菌は胃癌《がん》の重要な発症因子と認めて以来、近年、ピロリ菌除菌の重要性はますます高まっている。

このように、ノーベル賞の裏には必ずと言っていいほど、「偶然の発見」が絡んでいる。

ノーベル賞受賞者は、ふとしたきっかけで訪れた偶然の出来事の中から「宝物」を見つけ出す力、つまりセレンディピティが高いのである。

ノーベル賞にもつながる京都的ひらめき

さて、ここで再び目を京都に戻してみよう。

京都はノーベル賞受賞者と関連が深い街だ。たとえば京都大学は、何人ものノーベル賞受賞者を輩出している。

一九四九年に日本人初のノーベル賞を受賞した湯川秀樹博士（物理学賞）も京都大学出身であるし、一九六五年には朝永振一郎博士（物理学賞）、一九八一年に福井謙一博士（化学賞）、一九八七年には利根川進博士（生理学・医学賞）、二〇〇一年の野依良治博士（化学賞）もそうである。

二〇一四年には、青色発光ダイオードの研究で、天野浩氏、中村修二氏とともに、京大出身の赤崎勇博士がノーベル物理学賞を受賞している。


ひと昔前は「ノーベル賞は京都大学から」という印象を持っている人も多かった。最近でこそ、そういったイメージは薄れているが、近年も、京都とノーベル賞受賞者との関係性は相変わらず深いものがある。

たとえば二〇〇二年に化学賞を受賞した田中耕一博士は、富山県で生まれ、東北大学を卒業している。

が、彼が大学卒業後に入社した島津製作所は、京都市に本社を置く京都生まれの企業である。彼がこの島津製作所で行った研究がノーベル賞の対象になったのだ。

また、二〇〇八年には南部陽一郎博士、小林誠博士、益川敏英博士の三人が物理学賞を同時受賞した。益川博士と小林博士のふたりはともに名古屋大学の出身であるが、京都大学理学部の助手を務めていた時期の研究が受賞の対象になっている。

ほかにも、二〇一二年に生理学・医学賞を受賞した山中伸弥博士は、神戸大学医学部の出身だが、彼がiPS細胞を誕生させたのは京都大学の研究室であるし、共同研究者の高橋和利氏は京都の同志社大学出身である。

このように、京都からは世界的な発見・発明が多く生まれている。「ノーベル賞は京都から」と言っても過言ではないだろう。

では、なぜ京都からこれほど多くの発見・発明が生まれるのだろうか。

この質問にひと言で答えるとしたら、それは、京都がセレンディピティを高めてくれる街だからである。

なぜ京都は、セレンディピティを高めてくれるのか。

その理由のひとつは、京都が四季・自然を大切にする街だからである。

ノーベル賞受賞者にインタビュアが「ノーベル賞を受賞するために、どういった経験がとくに役立ちましたか？」と尋ねたとき、「大学で勉強したことです」とは誰も答えない。

彼らがよく言うのは、「子どもの頃、自然の中で駆け回ったこと」というような回答だ。利根川進博士も益川敏英博士も同様の回答をしていた。

これはつまり、自然と触れ合った経験が、彼らのセレンディピティを高めてくれたということだろう。

ではなぜ、自然との触れ合いを深めるとセレンディピティが高まるのか。

それは、自然というのは、論理的思考を超えたものであるからだ。

自然はロジックの積み重ねではできていない。偶然と偶然の連鎖で作られている。どんなに高性能なコンピュータで解析しても、これから自然がどのように進化していくかを知ることはできないだろう。

たとえば長い歴史の中で、恐竜が滅び、それより小さな生物が生き残ったのも、ロジックではなく、「なるべくしてそうなった」ということなのだ。

つまり、優秀な頭脳を持った秀才がどれだけロジックを積み重ねても、自然にはかなわないということである。明晰な頭脳だけでは到達できない領域の「宝物」が、自然の中にはあるのだ。

だからこそ、自然と接する機会が多い人間ほど、論理的思考を超えたひらめきを得られる可能性が高くなる。つまりセレンディピティが磨かれるわけである。

食べるだけではない京料理

京都の人々は、他のどこの地方の人よりも四季を大切にする。生活の中にそういう習慣・文化が根づいているのだ。

わかりやすいのが料理だ。京都では料理に季節感を大切にするが、四季だけではなく、「走り」「旬」「名残り」までこだわるのである。

たとえば鮎の旬は夏だが、まず六月くらいに「走り」の鮎が市場に出はじめる。この頃の鮎は身が小ぶりだ。そして、夏に旬を迎え、秋口にはその名残りを楽しむ。

このように鮎ひとつとっても、時期によって扱いが変わり、六月のものと八月のものとではまったく別物になる。

京料理は、おばんざい、懐石料理、茶会席など、さまざまな料理文化の流れを汲んでいるため、「京料理とはなにか」を定義するのは難しいが、季節感というものをとても重視している。

だから、その料理を京料理と呼ぶために必要な条件のひとつは、「四季を織り込んでいること」だ。四季を無視した料理を京料理とは呼べない。

また、京都人が強いこだわりを持つもののひとつに水がある。

京都は和食がとても発達している街であるが、その理由として、天皇がずっと住み続けたという事情もある。

しかし、京料理が発達した大きな理由は、京都の水抜きには語れない。昆布、鰹節を使って、短時間で出汁が引けるのは、京都の水が高品質な軟水であるからだ。

これがヨーロッパのような硬水であれば、日本料理の出汁を取ることはできない。

あるとき、ふらりと一軒の喫茶店に入ったのであるが、席について出されたお冷やを口にして、あまりのおいしさにびっくりしたことがあった。

お店の人に、

「このお水、とてもおいしいですね」

と言うと、

「この水はですねぇ。染井さんのところから水を引いてますねん」

と返されて、入口を見ると〝染井の水〟と書かれた湧水のようなものが、ちょろちょろと水盤の中に流れだしていた。

〝染井の水〟は、梨木神社境内にある湧き水で、京都三名水のひとつである。どのような方法で、このビルの中まで水が引かれてくるのか不思議であったが、京都人の水に対するこだわりのエピソードとして、私の記憶に残っている。


ところで日本人は、食材に関して国産のものがなにもかも優れているという思い込みがあるのではないだろうか。

スーパーに寄ってみても、たとえばウナギの蒲焼の国産モノは中国産と比べ、値段が倍近くする。また、肉なども〝国産〟〝和牛〟などと強調されている。

はたして、なんでもかんでも国産がよいのであろうか？

京都人は物事の本質を見抜く確かな目というものを持っている。名前と肩書きだけで、その中身までを判断するということをしないのだ。食材も、骨董品を見つめるような目で、見ているのである。

そのわかりやすい例が、京都の夏の代名詞「鱧《はも》」である。祇園祭は別名鱧祭と呼ばれるほど、京都人は鱧に思い入れが深い。

そして、デパートの食料品売り場や、錦市場等を眺めてみればわかることだが、鱧で最も高値がついているのは、韓国産である。

私も数年前に知人と会食した際、ちょうど鱧の季節であり、いろいろな鱧料理が提供された。そのお店のご主人が、「鱧の落としは韓国産のものを使《つこ》とりますが、その他の料理にまで韓国産は、使えしません。なにせ韓国産は高《たこ》おすからなあ」と言っていたのが印象的であった。

正直なところ、「よそさん」の私には、韓国産と国産の味のちがいはわからない。しかし京都の食通は、鱧の質のちがいを舌で感じ取ってしまうのであろう。

このように、四季や水ひとつとってもこだわりが見え隠れする〝京料理〟だが、今の時代、たいていのものは一年中いつでも手に入る。

養殖技術やハウス栽培によって、「旬」という概念はどんどん薄れている。東京の子どもたちに鮎の旬を聞いても、きっと答えられないのではないだろうか。

利便性の観点からいえば、季節にとらわれず好きなものを食べられるという状況はおおいにけっこうなことだが、セレンディピティの観点から見ると好ましいとは言えない。

自然から遠ざかれば遠ざかるほど、季節感を失えば失うほど、セレンディピティは鈍ってしまうはずだ。

私は京都の定宿では、いつも同じ部屋を使う。そして、その部屋に飾ってある額縁の中の色紙の絵も、夏には朝顔、秋には菊というように、季節に合わせてきちんと変えられている。

ちょっとしたことではあるが、このような些細な心遣いにこそ、京都人の生活がいかに四季と結びついているかが表れているように思う。

東京では、そこまで季節感が重視されることはあまりない。ホテルのロビーには、立派な名画が一年中飾られている。

もちろん東京にもいいところはたくさんあるのだが、セレンディピティを高めるということに重きを置くなら、季節感を意識してみることから始めてみるといいかもしれない。

セレンディピティを高めてくれるもの

京都がセレンディピティを高めてくれる街であるもうひとつの理由は、神仏とのつながりが深いことだ。

京都といえば神社仏閣のイメージが強いが、京都には八百万《やおよろず》の神が佇《たたず》んでいるといってもいいだろう。少々乱暴に言えば、京都では神様仏様がセレンディピティを高めてくれるというわけだ。

京都では、生活の中に神仏が溶け込んでいる。それは、京都人が他の地方の人たちに比べて、神仏の存在を身近に感じているということでもある。それこそ京都は、「仏様が歩く街」といっても過言ではないほど、神仏との距離が近いのだ。

千日回峰行という修行がある。

これは一年に百日、毎日約三十キロずつ比叡山の峰々をぬうように巡って礼拝して歩くという過酷な行で、究極の修行とも言われている。

この修行を行う者は、白装束を身につけることから「峰の白鷺」と呼ばれているそうだ。

歩く際には必ず死出紐と短剣とを身に付けなくてはならない。なぜなら、この修行は、一度始めたら挫折することは認められていないからだ。

「もし、途中でやめるなら、切腹するか、首をくくってくださいね」ということである。

それだけの覚悟を持って挑む行なのである。

千日回峰行は七年かけて行われ、最初の三年目までは約三十キロを一年に百日、四年目と五年目は一年に二百日歩く。そしてそれが終わると、九日間にわたって断食、断水、不眠、不臥でお経を唱え続ける「堂入り」を行う。

食事をすることはおろか、水分を補給することも、横になることも許されない。

そして六年目は、五年目までのコースに加え、赤山禅院への往復が加わる。一日に歩く距離は約六十キロに及び、これを百日行う。

最後の年である七年目の行は一年に二百日歩くが、最初の百日は比叡山の山中だけでなく、「京都大廻り」といって京都の街中も歩く。全行程は約八十四キロである。

残りの百日間はまた比叡山山中を三十キロ巡り、満行になるという。

この非常に厳しい修行を終えた行者は、特別な高僧である「大阿闍梨《だいあじゃり》」として認められる。

さきほど京都を「仏様が歩く街」と表現したのは、究極の荒行の終番で、仏様に近い存在になった修行僧が京都の街中を歩くという意味である。

私は京都市内で千日回峰行の行者を見かけたことがある。ひとりのおばあさんがその行者に向かって手を合わせて拝んでおり、その目には涙がにじんでいた。そのおばあさんは、その行者が荒行の最終段階にあるということをわかっていたのだ。そのときの私は、なにがなんだかわからなかったのだが、後日、千日回峰行のことを知り、おばあさんの涙の意味を理解した。

たとえば東京で、修行僧を拝みながら泣いているおばあさんは見あたらないだろうし、いたとしても、ほとんどの人にはまったく理解されないだろう。

合理主義の中では、非合理的なものを重んじる人は「頭の悪い人」として見られてしまうかもしれない。しかし京都では、誰もが当たり前のこととして神仏に敬意を払っている。

神仏は自然と同じく、ロジックを超越した存在だ。神様仏様の存在には、言葉では説明しきれない深さがある。それが、神仏とのつながりの強い京都がセレンディピティが高まる街である理由のひとつのように思える。

脳科学者で、京都大学総長を務めた平澤興氏は、晩年仏教に深く帰依した。その平澤氏の言葉を集めた『生きよう　今日も喜んで』という冊子の中で、〝仕事は祈りである〟と述べている。

いろいろと論理的に考え抜いて、実験を進め、仕事を行っていくわけであるが、その仕事がうまくいくかどうか、最終的には祈りであるという。

この言葉なども、生命科学の真理は、人の手の届かない、人間を超えたところにあると言いたいのだと思う。

こうした境地に立てば、最後はやはり、神仏に祈りたいという気持ちは自然なことであろう。

人は自然に対して、神仏に対して、敬虔《けいけん》であることが成功への近道である。私にはそんな気がしてくる。

頭をフル回転させて論理的な思考を重ねる行為はたしかに重要ではあるのだが、それだけですべてを解決することはできない。論理だけにとらわれてしまうと、視野が狭まり、セレンディピティが失われてしまう。論理的思考には限界があるのだ。


論理的思考の限界という話で思い出すのは、二〇〇五年に出版されてベストセラーになった『国家の品格』(新潮社)だ。著者の藤原正彦氏は、お茶の水女子大学名誉教授で、数学者である。

この本のおもしろいところは、数学者が、「論理的に物事を考えれば問題が解決すると思うのはまちがいだ」という、びっくりするような主張を展開しているところだ。

数学者と言えば、曖昧《あいまい》なものを排し、数字という厳格な言語を使って理論を組み立てる専門家だ。そんな数学者が論理的思考を否定すれば、誰だって「え？」と驚くだろう。

それがこの本がヒットした大きな理由だと思う。

「AならばB、BならばC、Cならば……」と論理を展開し、最終的に「だからAならばZである」という結論を導くためには、「Aは絶対に確かである」という前提が必要である。そうでなければ、その論理は正しさを失う。

しかし、世の中の事象は曖昧模《も》糊《こ》として、不確かなことばかりだ。「Aは絶対にAである」と断言できることは非常に少ない。

そう考えると、やはり論理的思考の限界が見えてくる。論理的思考だけでなく、いろいろな価値観にも目を向けることが、セレンディピティを高める秘訣であり、仕事で躍進するために重要なポイントではないだろうか。

暗黙のご当地ルールに成功のヒントが隠されている

そして最後にもうひとつだけ、京都がセレンディピティを高める街である理由を挙げたい。

京都人は細かいところまで気を遣う。

京都には人付き合いにおけるさまざまな暗黙のルールがあるのだ。もともと隣近所との付き合いが非常に濃厚だが、〝京都ルール〟を無視するよそ者には冷たい面もある。

よそから引っ越してきたばかりの人が、そういったさまざまなルールになじめず、人間関係に軋轢《あつれき》が生じてしまう、というのはよく聞く話だ。とくに、東京的な合理主義が体に染みついている人は、京都の人付き合いに慣れるまでに長い時間がかかるだろう。

たとえば京都人は、風呂敷で人を見るという。若い世代からしてみれば、風呂敷なんて「ひと昔前のアイテム」といった感じだろうが、京都では現在でも日常生活でごく自然に利用されているのだ。

それぞれの家庭は用途に応じた複数の風呂敷を持っていて、贈り物を包むときはこれ、という感じで用途に合わせて使い分ける。冠婚葬祭のようなかしこまったシチュエーションでは、必ず家紋の入った風呂敷を使うという。

たとえば手みやげを持って自宅へあいさつにうかがうような場合、東京では紙袋持参で渡すことが多いが、これは京都ではあまり好ましくない。使い捨ての紙袋ではなく、きちんとした風呂敷を使うことで、礼儀正しさや誠実さが伝わると考えるのだ。

もしも、あなたが京都の知り合いに大切な頼みごとをすることになったら、羊《よう》羹《かん》をきちんと風呂敷に包んで持っていくといい。

なぜなら羊羹は高価で重い。そうすると、相手も「これは相当な覚悟できているな」と察して、真剣に話を聞いてくれるだろう。

このように、風呂敷ひとつとっても、京都には非常に細かいルールがあって、ちょっとまちがうと「物を知らない人」と見られて評価が下がってしまう。


東京的な視点で見ると、京都人のこういった習慣は無意味なことにこだわっているように思えて、息苦しさを感じてしまうかもしれない。

東京でも、お世話になっている人にお歳暮を贈るくらいのことはやっている人も多いが、年賀状もメールで済ませる時代だ。効率が悪い昔ながらの風習は忘れられていく傾向にある。

東京は徳川の時代から全国各地の人たちが多くやってくる街であり、そういう悠長なことはできなかったという背景もあるのだろう。

しかし、基本的にはその土地の人同士で生活している京都人にとっては、こういった人付き合いにおける細かい作法はしごく当たり前のことで、現在でもとても重要なものなのだ。

京都人からすれば東京の人たちは、外見や効率ばかりを重視して、かつての日本人が大事にしてきたものを忘れているように見えるのかもしれない。

このように、現代的な合理主義に流されず、細やかな気配りから生まれた風習を頑なに守り続ける姿勢も、京都がセレンディピティを高めてくれる街である理由だろう。

京都という街が、訪れた人のセレンディピティを高める理由を説明してきたが、もちろんこれがすべてではない。

街が持つ雰囲気の心地よさのようなものも、訪れた人々に大きな影響を与えているはずだ。

たとえば、京都は居心地のよい喫茶店が多い。「どういいのか？」と聞かれても言葉では伝え難いのだが、たとえばクラシックが好きな人が、古いＬＰレコードがかかっている喫茶店の雰囲気を愛するのと似たようなものである。

自然や神仏の話ともつながるが、そういう、言葉では説明できない雰囲気や空気感を大事にしているところも理由のひとつであることはまちがいない。

私はもう十年以上も京都通いをしているが、やはり京都にいるときの方がよいアイデアがひらめきやすいように感じている。

第四章

仕事で信頼を勝ち取りたい人へ

～京文化が教えてくれる人付き合いの極意～

日本人が漠然と抱えている問いの答え

京都を語るうえで、京都がいかに特別な「街」であるかについて触れずにはいられない。

突然だが、今あなたは、子どもの頃に思い描いたような自分になれているだろうか。日々の生活の中で自身のいたらなさを思い知らされ、「もっと成長しなくては……」と痛感することは誰にでもあるだろう。

たとえば、仕事のミスを必要以上に引きずってしまったり、人付き合いで気遣いが足りず、相手に不快な思いをさせてしまったりしたときに、人は自分の未熟さを感じるものである。現在の自分が、理想の大人像とはかけ離れていると感じている人も多いはずだ。

「昔に比べて、最近の若者は精神年齢が低い」というのも、昨今よく耳にする意見である。ひと昔前のように大学進学が稀で、若いうちから働き、自立を求められた時代とちがい、今は親離れ、子離れがなかなかできない家庭も多く、ニートやフリーターも増えている。そういう意味では現代人は幼いと言ってもいいのかもしれない。

しかし、当然ながら現代でも、いつまでも子どもでいることはできない。礼儀や常識を知らなくても笑って許してもらえるのはせいぜい二一歳までだ。基本的に、学校を卒業すれば年相応に成熟した大人であることを求められる。

「外国人と比べ、日本人は幼く見える」といった話もよく聞かれる。欧米人より小柄な体格や彫りの浅い顔もその理由ではあろうが、日本人は人前ではいつも控えめな態度をとり、外国人のように堂々としていないというのも大きいだろう。

控えめな態度は日本人らしさのひとつであり、ある意味では長所とも言えるかもしれないが、自分の意見をはっきり言えない気弱な自分に嫌気がさしている人も少なくないと思う。

京都というのは成熟した大人の街である。懐が深く、気高さがあり、気遣いと心配りに満ちているが、それでいて、なんでもかんでも受け入れるわけではない。京都になじまないものは強くはじき返す、排他的な一面も持っている。

では、精神的な成熟とはなんだろうか？　どうすれば、もっと素敵な大人になれるのだろうか？

多くの日本人が漠然と抱えているであろうそのような問いに答えるヒントを、京都という街を見ながら紐解いていこう。

「信用」で成り立つ京都のビジネス

私が京都を「大人の街」だと感じる大きな理由のひとつに、京都人が「お金」よりも「信用」を大事にするという点がある。

言わば、信用経済で成り立っている街なのである。

たとえば東京では、ビジネスのみならず、とにかく合理性が重視される。その結果、人との付き合い方もビジネスライクになりがちだ。

一方で、京都はビジネスだけでものを考えない。利益よりも地縁、血縁といったつながりを大切にする。

こう書くと、東京を否定しているように聞こえるかもしれないが、そうではない。要するに東京は競争社会で、徹底的に合理性を追求しなければ生き残っていけないのと同様に、京都は人とのつながりを軽んじていては生き残れないのである。

置屋というものをご存知だろうか。置屋は芸妓や舞妓を抱えている。置屋は客を迎える店ではなく、お茶屋から依頼を受けて、客のもとに芸妓、舞妓を派遣するのが仕事である。

たとえばお茶屋で宴会などを開き、場を盛り上げたいと思った客が、お茶屋を通じて置屋から芸妓や舞妓をよこしてもらうわけである。

さて、置屋に芸妓や舞妓を送ってもらった場合、お茶屋の客はその料金をどこに支払うか。この場合、普通に考えると、芸妓や舞妓を呼んでもらった客が置屋に払うということになる。

しかし京都では、お茶屋がその料金を立て替えて、置屋に払うのが一般的だ。お茶屋はまず置屋にお金を払ったあとに、客に料金を請求する。要するにツケである。

これは、お茶屋と客との間に信用がないと成り立たない。各地から人が集まる他の大都市ではできないシステムだろう。

また、京都で古くから商売を営んでいる店は仕入れ先を変えない。「昆布はあの店から」「お茶はこの店から」という関係が代々続いているのだ。

仮に「昆布は別の店で買った方が安い」となっても、昔からの付き合いを重視する。

東京的合理主義の視点から見ると、古い人間関係に縛られて、非合理なことを続けているように見えるかもしれない。たしかに、同じ商品なら少しでも安いところから買うというのは理にかなっているように思える。

しかし、一見非合理に思えるこの京都のやり方が、京都に老舗が多い理由のひとつだ。

長い付き合いを経て築いた信用をなによりも大事にし、おいそれと仕入れ先を変えないからこそ、小売が存続し、互いの商いが代々繁栄していくのだ。

「おもてなしの心」のウラにある知恵

京都は言わずと知れた観光都市である。外国人、日本人問わず、観光客が年中訪れるため、日常の中で「おもてなし」をする機会も多い。

言葉を換えれば、京都人は観光都市としての自覚をしっかり持っており、観光客に嫌われたら京都の歴史をつないでいけないということがわかっている。

そういった意味でも「大人の街」、成熟した街であるとも言え、ふとしたときにその懐の深さを見る思いがする。

たとえば、私の定宿だ。

私はいつもふたり用の部屋をひとりで使っているのだが、本来ふたり用の部屋だからといって、料金が倍になるといったことはない。

ホテルなら、ツインルームのシングルユースは別料金になるのが常識であるが、この宿は臨機応変に対応してくれる。それが理由のすべてではないが、私はこの宿を毎回使っているわけであるから、巡り巡ってこの宿の経営的にも貢献していると言えるのではないだろうか。

そして、私がこの宿を好んで使うようになったもうひとつの大きな理由は、掘りごたつである。私が使っている部屋は四畳半で、その真ん中に掘りごたつがあるのだ。京都の町家では普通のことである。

ちなみに、私が使う部屋の二階は、亡くなったある有名な映画監督が好んで使っていたそうだ。

掘りごたつは足を下に落とせるため、和室にいながらにして、椅子に座っているような楽な姿勢を保持できる。観光客というのは、どうしても足が疲れるものである。疲れた足に掘りごたつほどうれしいものはない。

そういった心憎い気遣いにも京都らしい温かさを感じ、いつしかこの宿が定宿になってしまったのである。

「一見さんお断り」の真意

だがその一方で、何度か述べたように京都は排他的であるというイメージを持っている人も多いだろう。「一見さんお断り」のイメージも強い。

それは、ひとつにはさきほど述べたお茶屋と置屋の例のように、信頼をもとにした独特のルールが存在するからである。京都人は、京都ならではのルールを理解していない一見さんを受け入れると、お互いにイヤな思いをすることもまたわかっているのだ。

つまり、京都人の懐の深さはきちんと相手を見たうえでのもので、なにも考えずに新しいものをどんどん取り入れるような感覚とは質が異なる。これが、大人の懐の深さなのである。


それは他国の文化についても同じで、京都の雰囲気に合ったものは他国のものでも積極的に取り入れる一面がある一方で、京都に合わないものは排除する。

その好例が中華料理である。幕末以来、日本のあちこちの港が開港し、多くの中国人が日本にやってきた。中国人たちは横浜や神戸に中華街を築き、そこがひとつのベースキャンプとなって、中国の食文化が日本全土に広まっていった。

今や中華料理は日本の食文化の中にすっかり溶け込んでいるといってもいいだろう。

しかし、多くの日本人が中華料理を受け入れていく中、京都にはなかなか広まらなかった。濃厚な味付けの中華料理は、薄味で素材の持ち味を活かす料理に親しんだ京都人には受け入れられなかったのである。

そこで、従来の中華料理に京都向けのアレンジが加えられる。要するに、京都人の好みに合わせて、京風の出汁をきかせ、あっさりとした上品な味つけに改良されていったのだ。

その結果、「京風中華料理」という独特のジャンルが京都人に受け入れられ、京都の街に根づいた。

新京極にある有名なご当地居酒屋も、もともとは京風中華料理を出す店で、今でもラーメンやシュウマイといった中華料理のメニューが残っている。

自分たちに合うもの、合わないものをしっかりと見極め、京都にマッチするものは積極的に受け入れる。そうでないものは、頑なに受け入れない。

京都が持つこの明確さは、ある意味で非常に大人らしい振る舞いといえるだろう。

また、他の土地では見られない独特のルールが根づいている京都は、市場への参入障壁が高い街でもある。

たとえば住所の表記も京都人以外にはなかなか理解しがたい。京都では住所を表す際に「上《あが》ル」「下《さが》ル」「東入《い》ル」「西入《い》ル」といった表現を使う。

「上ル」は北、「下ル」は南へいくという意味で、これは昔、京都御所の方に向かっていくことを「上ル」と言っていたところからきているらしい。「東入ル」「西入ル」はそれぞれ「西へいく」「東へいく」という意味である。

たとえば京都市役所の住所は「京都市中京区寺町通御池上る上本能寺前町48

8」となる。

この「寺町通御池上る」というのは、最寄りの交差点から見た方向を示す。つまり、「寺町通と御池通の交差点から北へいった場所」という意味だ。

京都タワーなら「京都市下京区烏丸通七条下る東塩小路町721」で、「烏丸通七条下る」は「烏丸通と七条通の交差点の南」ということである。

これは碁盤目状になっている京都ならではの住所表現である。

私が京都に通いはじめたころ、道に迷ってしまい、交番で道を尋ねたことがある。

交番の女性警官はいろいろ親切に教えてくれるのだが、「こっち上がって、まっすぐ行ったら三つ目の角を東へ入って……」などと言われても、京都の事情に疎いこちらとしては、なにがなんだかまるでわからなかった。

京都人にとってはこの表現は昔から親しんできたこともあって、違和感を覚えるどころか、とてもわかりやすいのだという。

「上ル」「下ル」という表現は地形的にも正しくて、碁盤目状になっている京都の街は、全体が京都駅から御所の方に上がっている。京都タワーのてっぺんと京都御所がほぼ同じ高さだという話もあるくらいだ。

こういった住所表現は、もはやカーナビを超えた世界であり、だからか京都ではタクシーの運転手も年配の人が多い。京都ルールを知らない人が新しく参入しづらい業界なのだ。

京言葉に見るコミュニケーションの極意

京都人は言葉の使い方が巧みだ。コミュニケーションに長けているといってもいいかもしれない。

はっきりとした物言いをせず、曖昧なニュアンスで自分の気持ちを伝えることが多い。そこには人付き合いから生じる無用なトラブルを避ける大人の知恵が感じられる。

たとえばおいしくない料理を食べたとき、「まずい」という言い方をせずに、「あじない」と言ったりする。

有名な「京都のぶぶ漬け」の話も典型的な例だろう。

「そろそろ帰ってくれませんか？」と言う代わりに、「ぶぶ漬けでも食べていかはりますか？」などと言うわけである。

話に取り合わないときも、「アホか」などとは言わない。興味のない提案をされたときなどは「あんさんやんなはれ」などと返す。

これは「あなたがやりなさい」、つまり「私はアホらしくてやってられません」ということなのだ。

言葉遣いに関しては、たとえば大阪人と京都人は真逆の感性を持っているといってもいいかもしれない。

手みやげを持って知人の家を訪れるようなタイミングひとつとっても、京都人なら謙遜して「これ、つまらんもんですけどどうぞ」と言う。それは、人様に持っていく品なので、事前に調べて自信はあるものの、人の好みはそれぞれであるから口に合うかどうかわからない。そのため予防線を張った言い方になるのだ。

これが大阪人なら「これうまいから食べてみ」という感じで渡すだろう。大阪人はそう言われた方が「わあ、楽しみ」と思うし、仮に口に合わなかったとしても、くれた人が美味しいと思った物を、自分に食べさせたいと思ってくれたことがうれしいのである。

もっとも、京都人は曖昧な表現を好むために、誤解を招きやすい面もある。京都人同士なら問題はないだろうが、よその地域から京都の会社にやってきた新入社員などはさぞかし大変だろう。

京都人の言葉の真意を汲み取ることができず、「あんさんやんなはれ」と言われて、「GOサインが出た！　よ〜し、がんばるぞ！」などとはりきってしまっては、痛い目に遭いかねない。

みなさんも京都を訪れた際は、注意した方がいいかもしれない。

しかし、京都人の言葉遣いの巧みさは、京都が観光客を引きつける魅力のひとつにもなっている。

私が京都に再デビューして間もない頃、みやげもの店でお地蔵さんのフィギュアを買ったときの話だ。

よその土地であれば、「これください」「ありがとうございます。○○円になります」といった程度のやりとりがあって、そのあとは支払いを済ませて店を出るだけだ。

しかし、京都のその店員は、私が「これお願いします」と商品を渡すと、「このお地蔵さん、えらいええ顔してはりますなあ。大事にしてあげとくれやす。おおきに」と、ひと言あるのである。

京都の定宿でもそうだ。はじめてのときは「おこしやす」というあいさつだった。しかし、私がもう一度その旅館にやってきたときには、「おこしやす」が「おかえりやす」に変わっていたのだ。

みやげもの店の例も旅館の例も、なにげない些細なひと言ではあるが、こういったやりとりは客の心に余韻を残す。そして、その余韻は次の京都への旅につながっていく。

つまり、「その人にまた会いたい」「その店にまた来たい」と思わせる誘因になると思うのだ。

仮にあなたが空腹のときにラーメン屋に入ったとしよう。「すきっ腹にまずいものなし」という言葉があるように、出てきたラーメンがよほど〝あじない〟ものでない限り、おいしく感じると思う。

が、ラーメンを食べ終わって家に帰ったあと、「この前のラーメン屋にもう一度行ってみよう」と思わせるのは、余韻の有無ではないだろうか。

スープの味であったり、麺のコシであったり、店員の接客であったりが脳の中に余韻として残っていなければ、またその店を訪れたいとは思わないはずである。そういう意味で、京都には大人の心をくすぐる余韻がある。だからこそ、大勢の観光客が何度も繰り返し訪れるのだ。

「そうだ　京都、行こう。」とやってきた観光客の心に余韻を残し、「そうだまた京都、行こう。」と思わせてしまう街なのである。

「京の台所」が抱える日本の課題

現在は大都市でも商店街が活気を失い、どんどんシャッター街が増えている。一方で、京都の商店街はいつも大勢の客でにぎわっている。そういう面でも京都が特別な街であることがうかがえる。

京都の商店街と言えば、錦市場《いちば》を思い浮かべる人も多いだろう。ご存知のとおり、錦は魚介類や京野菜などさまざまな食材が手に入る「京の台所」だ。

しかし、私は最近の錦市場を見ていて、ちょっと疑問に感じることもある。

魚市場は魚を、野菜市場は野菜という食材を提供するところである。しかし錦市場では、野菜を提供している店が、なぜか奥で料理店を営んでいたりする。食材のプロと、その食材を使って調理をする料理人というプロは、本来、別の人間であるはずである。

なぜ一カ所で食材と料理、両方が提供されるのであろうか?

これは錦市場が多くの観光客を集めるがゆえに、料理のプロとコラボレーションした方が、ビジネスとして考えた場合、うまくいくというディベロッパー的な発想なのであろう。

しかし、こうした流れに、疑問を感じているのは私だけでなく、京都人も同じなのである。「錦市場は変わってしもた」と、漏らす京都人は多い。

日本人のみならず、これだけ外国人観光客も増えた京都では、もとの錦市場に戻ることは難しいのかもしれない。

であるから、錦市場本来の姿を感じ取りたいと思うのであれば、朝早くこの通りを歩いてみることをお勧めする。

まだ観光客も押しかけてこない時間であれば、この一帯で、京都の多くの料理店へ食材を提供すべく、かいがいしく働いている錦の人たちの姿を目にすることができる。

朝の錦市場は、市場本来の姿を留めているのである。

京都人に学ぶ信頼を得るコツ

それから、忘れてはいけないのが京都人の丁寧な心配りである。これも、大人として見習いたい部分である。

京都人は、料理でもなんでも手間を惜しまない。料亭であれば、客をもてなすことに心血を注ぐ。

そのため、「よそさん」のお金持ちの人が口にしそうな「金なんぼでも出すから、うまいもん食べさせてくれ」というような物言いを嫌う。

料理人にしてみれば、料理の値段がちがうのは、高価な食材を使っているかどうか、あるいは品数が多いか少ないかだけの差で、八千円の料理も二万円の料理も同じだけの手間をかけているのだという。

最近、京都特集の雑誌の記事を読んでいて、ちょっと驚いたことがある。割烹はカウンターがメインであるから、ひとりで利用するということに、そんなに抵抗がない人も多いと思う。一方、料亭と言えばやはりハレの席であり、ちょっと敷居が高いと感じるのは、私たちはもとより京都人も同じであろう。

ところが最近、京都では、一流の料亭でのランチタイムなどに、おひとり利用が男女問わず増えているそうである。

接待はもとより、友人や付き合いの長い人とであっても、人と食事をするには、それなりに気を遣うものである。しかし、「おひとり料亭」であれば、誰に気兼ねをすることもなく、料理を楽しめるというわけである。

また、料亭は個室での食事であるから、自分だけの時間と空間を持てるのも魅力らしい。こうした利用法など、私には想像さえできなかったので、とても新鮮なことに思えた。

座敷の掛け軸や、生けてある花を眺め、また目の前の坪庭の木々を眺めていれば、日常を離れた癒しの時間を持つということなのかもしれない。

京都人でも普通にできることではないと思うが、こうした時間を持つことによって、仕事や人生のパフォーマンスが向上するのであれば、「おひとり料亭」という選択肢もアリだろう。

もっとも、「おひとり料亭」は、料亭に対する気遣いも必要である。部屋をひとり占めするからには、お客が少なく店が混雑しない時間帯を利用するなど、大人の対応が求められる。後述する大人の「京旅」に慣れてきたら、こうした「おひとり料亭」なども試してみたいものである。

このように、丁寧な心配りはサービスを提供する側だけのものではない。サービスを受ける客の方も同じなのだ。

私があるお茶の店を訪れたときのことだ。別の客が茶葉を買うためにお茶のテイスティングをしているのを見たことがあった。おそらく常連客なのだろうが、茶葉ひとつ買うのにも、丁寧に味を確かめているのだ。

気配りの細かさは、会計の際にも表れる。京都は、決済はキャッシュが基本である。特に老舗と呼ばれるような店で会計を行う場合、客の多くはピン札の一万円札を出す。

そういった客は財布もふたつ折りのものではなく、ピン札がそのまま収まる長財布を使っている。

昔から「お金を大事にする人ほどお金持ちになる」と言われる。ふたつ折りの財布では、せっかくのピン札も折れ曲がってしまう。京都人にとって、それはお金を大事にしていないように感じられるのではないだろうか。

だからこそ、たとえポケットに収まらなかったとしても、長財布を使って、支払いをするときには折り目のない、きれいな一万円札を差し出すのだ。

お金持ちうんぬんを抜きにしても、単純に、すっとピン札を出す方が自分も相手も気持ちがいい。京都人のこういったこだわりは、粋という部分にもつながっていくように思われる。

忙しい現代人は、時間に追われるあまり心に余裕がなくなりがちだが、京都人の気遣いやこだわりを見習って、毎日を少しでも丁寧に過ごすよう心がけたいものである。

そうすれば、自然と信頼される人になっているはずだ。

第五章

自分に自信が持てない人へ

～京都人の矜持《きょうじ》に触れる～

「日本の中の外国」が誇りを呼び覚ます

あなたは、日本人であることに誇りを持っているだろうか。というのも、近年の日本は一時期の勢いを失っているように私には感じられるからだ。

一九九三年、一九九四年にはアメリカに次ぐ世界二位のGDPを記録し、世界経済の中でも日本は大きな存在感を持っていた。しかしバブルが弾けたあと、日本経済は長い不況のトンネルに入ってしまった。

かつては世界に名を轟かせた国内の大企業もめっきり元気がなくなり、そのあとを韓国企業が破竹の勢いで追い上げてきた。

「最近の若者はやる気に欠け、夢を持っていない」と、よく言われる。それは現状に満足できるほど日本が豊かであることの裏返しなのかもしれないが、日本の未来に希望を感じられないといった理由もあるのかもしれない。

経済面に関しては、アベノミクス効果もあって最近は明るいニュースも耳に入るようになってきてはいるが、日本が不況のトンネルを完全に抜けるまでには、まだまだ時間がかかるのだろう。風向きはいまだ定まっていない。

欧米化、合理化といった流れも、昨今ますます強まっているように思われる。

よく指摘されることではあるが、日本の古きよき伝統文化は時代とともに失われつつある。

たとえば最近では新築の家を建てる際、和室を作る家が少なくなっている。

ある中学校の生徒たちが修学旅行で京都を訪れたとき、畳が敷かれた大広間で寝ることになって、「この部屋、臭い」と文句を言ったという。畳に接する機会がなかったために、いぐさの匂いに不快感を覚えたのだ。畳の部屋に落ち着きや安らぎを感じる日本人がどんどん減っている。

また、日本人の国民性である控えめさ、奥ゆかしさといった気質は、グローバルビジネスの観点からはネガティブな意味合いで語られることが多い。

「日本人はシャイだ」「欧米人のようにもっと自分の意見をはっきりと述べ、自身の能力を積極的にアピールすべきだ」といった意見も一般的になっている。

現代は日本人であることに自信や誇りを持ちにくい時代と言ってもいいかもしれない。

あなたも、日本人としての自覚や自信が薄れてはいないだろうか。

京都は、そんな自信を失いかけた日本人のアイデンティティを再確認させてくれる街だ。


千二百年の歴史を持つ京の都は、今も昔も揺るぎない芯の強さを持っている。

京都は現在、観光都市として確固たる地位を築いているが、外国人旅行者からも絶大な支持を得ている。その大きな理由は、京都が他の日本の都市とはまったくちがう価値観、魅力を持っているからだろう。

たとえばどこかの都市へ観光に行って、ホテルに泊まるとしよう。東京のホテルもヨーロッパのホテルも、どこも似たり寄ったりである。

そんな中で京都は、しつらえからして明らかに一線を画しており、サービスも独特で、西洋的な価値観で均質化したホテルとは、なにからなにまでちがう。

日本人のみならず、外国人たちもそこに新鮮な感動を覚えるのだろう。高いお金を払って自分たちの国にもあるようなホテルに泊まっても、たいしたものは得られないと思い、京都らしい宿を訪れる。

京都の文化は言わば日本の伝統的な文化であり、「日本の中の日本」と言ってもいい都市である。その一方で、現在の京都は、「日本の中の外国」といった側面も持っている。

日本人に欧米的な文化や価値観が浸透した結果、京都を訪れた日本人も、京都ならではのサービスや文化に対して、外国人と同じように新鮮な感動を覚えてしまうのだ。

日本人としての自覚を持ちにくい現代、我々日本人が京都から学べることは非常に多いのではないだろうか。

「京都は都」の考え方がアイデンティティを実感させる

京都人はある意味、プライドが高い。自分が京都に生まれ、京都で育ったことに大きな誇りを持っている。

たとえば「関西人」と呼ばれることを好まない。自分は他でもない京都人であり、他の地域の人たちと一緒くたにされたくないのだ。

関西三都といえば大阪、京都、神戸だが、私はこの三都市の関係を「関西のトライアングル」と思っている。この三都市には他の地域には見られない微妙な関係があるからだ。

大阪は京都にシェイクハンズを求めるが、京都はそれをなぜか拒む。そしてその一方で、内陸に位置する京都は、外に開けている神戸に憧れを持っている。そのように私には感じられる。

さて、さきほどから京都、京都と言っているが、日本人にとっての京都とは具体的にどの場所を指すのか、ここで一度、考えてみたい。

「京都府＝京都」という認識ももちろんあるだろうが、我々が漠然と「京都」という言葉を使うとき、その言葉が意味する場所は、もっと狭い範囲に限られるのではないだろうか。

たとえば京都盆地の範囲が京都という考え方もできるかもしれない。盆地の凹みの中は、たしかに外とはちがった雰囲気が漂っているように感じられる。また、京都は碁盤目状に道路が配されているが、その碁盤の目の中が京都、という捉え方もできるだろう。

しかし、もっと範囲を絞って、いわば「京都の中の京都」はどこかといえば、祇園祭の際に、山鉾巡行が行われるエリアと言う人もいる。中京区とほぼ一致するこのエリアが、日本人が頭に思い浮かべる京都のイメージにもっとも近い場所であるのかもしれない。

京都人も中京区は特別なエリアであるという意識を持っているようで、東山区に住む人が中京区の知人の家を訪問すると、「えらいすんまへんなあ。わざわざ遠いところからきてもろて」と言われたりする。

言われた側は、内心では「同じ京都やないか」と思いながらも、「いやいや、ちょっと近うまで来たもんやさかい、寄らせてもらいました」などと返す。

同じ京都市内でも、住んでいる場所によって扱いが変わる場合があるのだ。これも京都人の特徴のひとつだろう。

京都人は今でも心の片隅に「京都は都」といった意識を持っている。彼らはたとえば「天皇はんは今、ちょっと東京に出張したはるんや」というように本気で考えている。

京都には都として千年続いてきた歴史があり、それを支えてきたのは町衆と呼ばれる京都人である。「天皇は東京に出張に行っているだけで、本籍は今でも京都御所なのだ」という気持ちは、ある意味で京都人の矜持につながっているように思われる。

京都のなにが日本人の心を癒すのか？

京都を訪れると、安らぎを感じたり、ほっとした気持ちになったりする日本人は多いだろう。

では、京都のなにが日本人の心を癒すのだろうか。

その答えのひとつは、京都という街が持つ歴史だ。京都にはいわゆる老舗と呼ばれる古い店がたくさんあり、代を重ねながら商いを営んでいる。

たとえば神棚の部品を作っているような工具店を通りがかっても、お年寄り世代に混じって、若い職人が働いている。それはつまり、現在も脈々と技術の継承が行われている証であり、これからも京都が歴史を重ねていく証でもある。

このような歴史の連続性を感じる光景を見ると、かけがえのない日本文化が失われていないことを実感でき、ほっとした気持ちになる。

もちろんこれは工具店に限った話ではない。例を挙げればキリがないが、たとえば京都の観光名所のひとつになっている錦市場に、玉子焼きや出汁巻きで有名な店がある。ここでもやはり若い人が何人も働いている。

現代は、移り変わりの激しい時代である。とくに東京はそういった面が強い。新しい店ができたと思ったら、一年後にはなくなり、また別の店がオープンしたりする。

ひとつの店や産業をきちんと次世代に受け継いでいくということは、それほど簡単なことではない。

産業の灯《ともしび》は、一度消えてしまうと基本的には蘇らない。復活するためには、想像を絶するようなエネルギーが必要になる。

たとえば、料亭には多くの場合、代々受け継がれてきたかけがえのない資産がある。掛け軸や料理の器など、ひとつで何十万円、何百万円するようなものも珍しくない。

そういった高級なものを使いながらも、料理や宿泊の代金が目の玉が飛び出るような値段にならないのは、それらが代々受け継がれてきたものだからだ。

新しく料亭を作るとして、掛け軸や食器を一から買いそろえるとなったら、おそろしくお金がかかる。結果、庶民には到底手の届かない、限られた富裕層しか足を運べない店になってしまうだろう。

だが、京都では町衆の支持を得られなければ、その土地に根を張るのは難しい。

もちろん、創業から長く続いているという実績が、客の信頼につながるという面も大きい。客の信頼は一朝一夕で得られるものではないし、新しくオープンした料亭よりも、創業百年の老舗の方がレベルが高い感じがするものである。

また、東京で新しく日本料理店をオープンするとなったら、さまざまな人や業者の力を借りなくてはいけない。掛け軸は掛け軸の専門家、花は花の専門家、食器は食器の専門家、というふうに大勢で協力しながら、誰もがくつろげるすばらしい空間を作りあげていくわけだ。

しかし、京都の老舗の料亭などは、そのすべてを当たり前のように一軒でやってのけてしまう。これも代々受け継いできた資産があればこそなせる業である。


ここで言いたいのは、どちらのやり方が優れているという話ではなく、歴史をつないでいくことの大切さだ。

東京と京都のやり方を比較すると、それぞれ一長一短である。

専門家が集まってひとつの店を作りあげていく東京のやり方はある意味で合理

的と言えるし、自分たちだけですべてを作りあげる京都のやり方は、その店ならではの個性を出しやすい。

国の内外を問わず、一流ホテルはどこも似たような雰囲気になってしまうが、京都の老舗旅館にはそれぞれ個性がある。そこでしか味わえない趣き、おもてなしがあるのだ。

今も昔も京都は変わらない。昔から続けてきたことを、当たり前のように次の世代に伝えていく。

移りゆく時代のなかで、京都がつないできた歴史の連続性は、我々に安心感と日本人としての誇りを与えてくれる。

「日本史」の延長線上にいるのが自分

さて、ここで京都を語るうえで外せない話をしたい。

それは、日本の歴史だ。京都を訪れると歴史を知ることの大切さを実感する。

「日本の歴史」というと、堅苦しいイメージで、敬遠したくなる人も多いかもしれない。

歴史嫌いの人たちの気持ちはよくわかる。私もかつては日本史にあまり興味を感じない人間だった。だから高校でも日本史は専攻せず、今になって後悔することも多いのだが……。

歴史嫌いの人たちが日本史に興味を持てない理由のひとつは、過去の歴史と現在の自分とのつながりを実感できず、まったく別世界のことと思ってしまうからではないだろうか。

だが、「日本の歴史」ではなく、「日本人の歴史」と考えてみてはどうだろう。すべてはかつて、自分たちのご先祖様がやってきたことなのだ。そう考えるとぐっと親近感が湧いてくるはずだ。

もうひとつ大切なのは、歴史的な場所なり建物なりを実際に生で見てみることである。

歴史の教科書を眺めていてもなかなかイメージを膨らませることはできないし、とくに日本史が嫌いな人にとってはそこになんのおもしろみも見出せないだろう。

ただ、歴史的なスポットに足を運ぶと、そこには教科書では知りえなかった発見があり、それを感じることで日本人としての自覚も強まっていく。

京都は、そんな歴史的なスポットであふれている。

ここで京都の歴史スポットを、私の独断でいくつか紹介しよう。

ひとつめは、東山区にある蓮華王院本堂。

いわゆる三十三間堂だ。修学旅行等で訪れた方も多いと思うが、ここには千体の千手観音立像がある。十段左右五十列にわたって並ぶ千手観音立像の迫力はまさに圧巻のひと言である。

この場所にはもともと後白河上皇の離宮があり、蓮華王院はその一画に建てられた。創建は一一六五年で、上皇の命を受けた平清盛によって建立されている。

その後、蓮華王院は火災によって一二四九年に一度焼失したが、一二六六年に本堂が再建され、現在までその姿をとどめている。

なお、三十三間堂という名称は本堂内陣の柱間の数が三十三であることに由来する。「観音菩薩はあらゆる人々を救うために相手にあわせて三十三の姿に変化する」と言われており、三十三は仏教的に特別な意味を持つ数字なのだ。

前述したとおり、見どころのひとつは、なんといっても千体の千手観音立像である。私は仏像に詳しいわけではまったくないが、一つひとつの仏像をつぶさに見ていくと、訪れるたびに新しい発見があって実におもしろい。

そして、私自身は、中央に位置する薬師如来像に引きつけられる。手に薬壺のようなものを持っている仏像を見て、「昔は病気にかかっても医者がおらず、人々は祈ることしかできなかったのだろう。病の苦しみから逃れたいという人々の思いが薬壺という形で表れているのではないか」などと想像するわけである。

歴史の教科書を眺めているだけでは、このようにイメージが広がっていくことはないだろう。

三十三間堂と同じ東山区で言えば、高台寺も京都の歴史が感じられるスポットである。

八坂神社のすぐ近くにあるこの寺は、豊臣秀吉の正妻の北政所が、秀吉が亡くなったあとその菩提を弔うために建てたものだ。

高台寺は現在も大きな寺ではあるが、当時はもっと広大な敷地を誇る豪壮な寺だった。その理由は、秀吉亡き後に権力を握った徳川家康が、高台寺の建立にあたって膨大な金子《きんす》や木材を提供したからである。

そして家康が高台寺の建立に多大な助力を行ったことが、後の関ヶ原の戦いで生きてくるわけだ。これも家康の政治的手腕の巧みさがうかがえるエピソードのひとつと言えるだろう。

このように、京都の寺は、どこも必ずと言っていいくらいに、さまざまな歴史上の人物や出来事につながっていく。そして、その延長線上に、現在の自分がいるわけである。

京都の歴史を知ることは日本人のルーツを知ることであり、ひいては自分自身のルーツを知ることにもつながるのである。

また、歴史から多くのものを学ぶことができる。時代は大きく変わったとはいえ、昔も今も、人間の本質的な部分はほとんど変わらない。歴史を学ぶことで日頃の仕事に活かせるヒントを得られることもあるだろう。

実際、優秀な経営者の中にも歴史好きな人は多い。

たとえばＨＯＮＤＡの創業者である本田宗一郎氏だ。彼は歴史小説家の山岡荘八に四度も抗議文を出したという。

山岡荘八が作品内で徳川家康を美化して描いていることが気に入らなかったのだ。家康は江戸城を築城したあと、秘密保持のために大工や左官などを皆殺しにしたと言われる。

恩を仇で返すような家康のそんなやり方が本田は許せなかった。そして、山岡荘八の書いた『徳川家康』が経営者のバイブル的な扱いをされることにも納得がいかなかったのだろう。

なお、本田宗一郎は家康と出身地がほぼ同じであり、そのこともあって家康に対しては特別な思いを抱いていたのだと思われる。

歴史に対する熱い思いを持っていた本田は、きっと生涯、日本人の誇りや自覚を忘れることはなかったにちがいない。

日本人ならではの文化に触れよう

京都の文化は、古きよき日本の文化を今に受け継いでいる。

実際に訪れて日本文化の奥深さを実感することは、現代人が日本人としての自信を取り戻すためにおおいに役立つだろう。

右京区にある龍安寺の「石庭」は、枯山水庭園の傑作であり、世界的にも有名だ。

枯山水庭園というのは日本庭園の様式のひとつで、水を使わずに山水の美を表現するのが特徴である。地面に白砂や小石を敷いて、それを池に見立てたりするわけである。

龍安寺の石庭は、幅二十五メートル、奥行き十メートルほどのそんなに広くないスペースに白砂を敷き、その上に十五個の石が配置されている。

石の配置は独特で、どの角度から眺めても十四個の石しか見えないようになっている。この石庭は室町時代に作られたもので、「禅の境地を表現している」などと言われているが、作者はいまだはっきりしていない。

一九七五年にイギリスのエリザベス女王が来日した際に、ここを訪れた。簡素な石庭を眺めた彼女は「私には理解できない……」と漏らしたという。

龍安寺の石庭は、ヨーロッパ芸術の造詣も深いであろうエリザベス女王も理解できないような日本人ならではの繊細さ、奥深さを秘めているのだ。

日本人でも、この石庭のすばらしさを言葉にして説明できる人は少ないかもしれない。ただ、具体的な言葉にはできなくても、多くの日本人は、砂の上に石を置いただけのこの庭を眺めたときに、味わい深いなにかを感じるはずだ。

それはその人に、日本人的な感性が備わっている証拠と言えるだろう。


咲き誇る桜よりも、散りゆく桜に美しさを感じる日本人の美的感性は、欧米的な価値観と相容れない部分がある。

藤原正彦氏のベストセラー『国家の品格』（新潮社）にこんな話が出ていた。

「古池や　蛙飛び込む　水の音」という松尾芭蕉の俳句を英訳して外国人に読ませるとどう感じるか。この句を読んだ多くの外国人は、蛙の大群が井戸の中にバシャバシャと音を立てながら勢いよく飛び込んでいく様子を思い浮かべるという。

日本人と外国人の感性のちがいを表すおもしろいエピソードである。

京都は、日本人的な感性が随所に感じられる街だ。だからこそ外国人にも人気があるし、日本人にも愛され続けているのだろう。

もちろん他の土地でも歴史ある日本文化に触れることはできるが、博物館や美術館に足を運んで見学する、というケースが多い。

それが京都では、もともとの場所で鑑賞することができる。日本の歴史と文化を肌で感じるという意味で、このちがいは想像できないほど大きい。

また、京都と言えば古い日本建築というイメージがあるが、頑なに昔の文化を守り続けているだけの街ではない。実は、街のあちらこちらに洋風建築を見ることができる。

中京区にある「1928ビル」は、アール・デコのテイストを取り入れた洋風の建築物だ。このビルは名前のとおり一九二八年に大阪毎日新聞社京都支局ビルとして建築されたもので、設計は「関西建築界の父」ともいわれる武田五一が手がけている。

武田はこのビル以外にも、洋風の建築物をいくつも京都に残す一方で、平等院や法隆寺といった歴史的建築物の修復にも多く関わった。

毎日新聞が移転したあと、「1928ビル」は再開発され、現在はレストランやギャラリースペースを備える「アートコンプレックス1928」として利用されている。

さらに京都には、スパニッシュ・コロニアル様式の建物も少なくない。古くからある小学校などでも、この様式がよく採用されている。

スパニッシュ・コロニアル様式はスペイン南部のアンダルシア地方の住居が基になっている建築様式で、シンプルで洗練された雰囲気が特徴的だ。

余分な装飾のないその佇まいは、日本式の建築物とも相性がよく、京都の街並みにもしっくりなじんでいるように感じられる。

日本文化をしっかり守りながらも懐古主義に陥ることなく、常に新しいものを取り入れようとする姿勢。

それも、京都という街が我々にポジティブな印象を与える理由のひとつではなかろうか。

その空間に身を置くだけで、自分の中の日本人としての誇りを思い出し、自信が湧いてくるだろう。

第六章

なかなか業績が伸びない人へ

～京都発グローバル企業の根底にある力～

グローバル企業に共通する京都的効果

毎日長い時間、オフィスのパソコンの前に座っている。必死になってキーボードを叩きながら仕事をしているのに、なかなかいいアイデアが出てこないのはなぜだろう?

エクセルで見栄えのよいテーブルも作れるし、パワーポイントを使ってのプレゼン資料の作成などはお手のもの。スライド作成にはかなり自信があり、周りから依頼されることも多い。

しかし、パソコン画面といくらにらめっこしていても、いっこうにアイデアが降りてこない……。

そもそもコンピュータとは〝電子計算機〟、つまるところ、演算を行う機械だ。演算能力は人間をはるかにしのいでいるものの、演算機であるがゆえに、コンピュータは人間の命令に従った〝論理的〟な仕事しかしてくれない。

モニター上のエクセルアイコンの隣にある「インターネットエクスプローラー」をクリックすれば、そこには果てしないＷｅｂの世界が広がる。その情報の海をいろいろとサーチしてみるのだが、やはり、いいアイデアはなかなか浮かんでこない。

こんなに膨大な情報があふれているのに、どうしてアイデアにつながらないのだろう？

インターネットの情報は、無限のように思われがちであるが、並列的、表層的という特徴も持っている。少々悪く言ってしまえば、オフィスの椅子に座って手に入る情報というものは、それなりの価値しかないのかもしれない。

もちろん、ピンポイントでインターネットの情報にアクセスすることにより、仕事に役立つ情報を入手できることは、多くの人が経験しているはずである。しかし、これはインターネットの罠かもしれない……。

もし、インターネットを利用した情報収集の便利さに溺れ、自分の足を使って生の情報を探す手間を惜しむようになったら、仕事のクオリティはきっと落ちるだろう。

また、会社の中では社員はそれぞれ、経理、営業といった特定の部署に配属されている。必然的にその部署は、同じ目的に向かって同じような仕事をする人間の集団となる。

そうした自分と似た環境の同僚に囲まれて仕事をすることは新しい刺激を受けづらく、ある意味、独創的な仕事がしづらい環境とは言えないだろうか……?

ここで解決の糸口をつかむべく、ちょっと目を京都に向けてみたい。

京セラ、ローム、任天堂など、京都発のグローバルカンパニーがいくつもある。なぜ京都からこうした会社が数多く出るのであろうか?

その大きな理由は、京都は、極めて高いシナジー効果が発揮される街だからである。

ここで、冒頭に挙げた問題を解決するにあたり、「シナジー」というキーワードについて説明したい。

聞き慣れない言葉かもしれないが、シナジーとは、ひとりの人間が行う仕事を「1」とした場合に、ふたりで協調して行うことにより、仕事量が「1＋1＝2」ではなく、「3」にも「4」にもなることをいう。

あるいは、とても高い質の仕事が生まれることがある。また、協調によって新しい思いつき、アイデアが出ることがある。

こうした、ふたつのものが合わさることによって、単体で得られる以上の成果が生まれることをシナジー効果という。日本語で言えば相乗効果である。

ふたりの人間からシナジー効果が生まれるメカニズムは、人を三角定規に例えて説明するとわかりやすい。

Aという人物とBという人物は、ふたつの形の異なる三角形である。一般的に、仕事というのは、ふたりの人間の重なりあう部分で行うことが多い。たとえば経理の仕事をする人たちは、その部署で重なりあう仕事を行っていることになる。こうした環境では、シナジー効果が発揮されにくい。

これは、人間同士の関係に限ったことではない。さきほどパソコンの話を例に出したが、パソコンに向かって仕事をすることは、やはり人とパソコン、ふたつの三角形の重なりあいの部分で作業を行っているということだ。

この場合、ふたつの三角形の外側の辺を頂点を越えて伸ばし、その線同士が交わる所を頂点にしてできる大きな三角形が、両者のポテンシャルの総合値、いわばシナジー効果の最大量を表していると言えるだろう。

シナジー効果をより大きく生み出すためには、重なりあう部分がなるべく小さい方が望ましい。それは頂点から線を伸ばしたとき、より大きな三角形になるか

[三角形でイメージするシナジー効果]

①効果大　②効果小

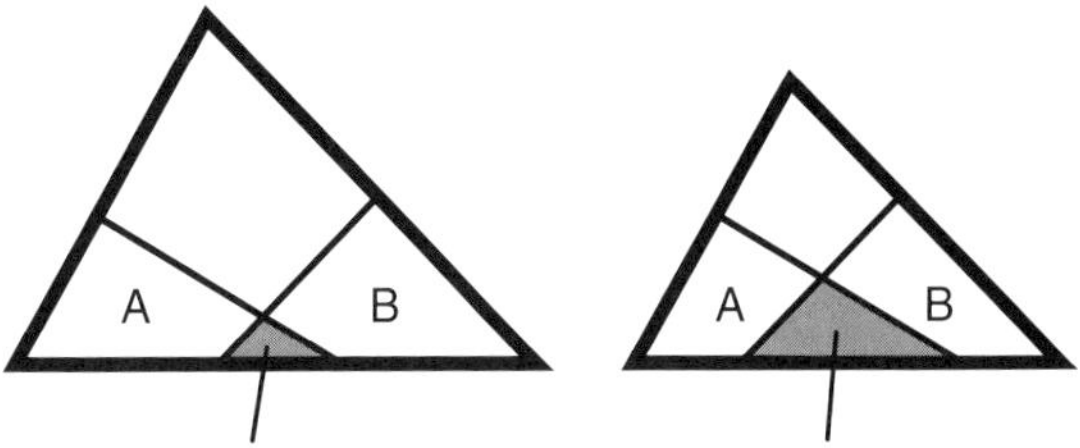

AとBの重なる部分が小さいほどできる三角形（太枠）は大きい。

AとBの重なる部分が大きいほどできる三角形（太枠）は小さい。

らだ（図①）。

しかし、同じ会社の同じ部署に所属している人同士は、それだけで、重なりあう部分がかなり多いといえるだろう。

したがって、重なりあう部分が大きい三角形同士は、頂点から線を伸ばしても大きな三角形にはならない（図②）。

これが、ひとつの部署の中で大きなシナジー効果が生まれにくい理由である。

なお、三角形がまったく重なりあわなければ、接点がないわけであるから、シナジー効果そのものが発生しないのは言うまでもない。

また、優秀な人間の行う仕事の十倍量より、平均的な人間が十人で行う仕事量の方が大きくなるという指摘もある。

それは、十個の異なる頭脳がネットワーク化され、シナジー効果を生むからだ。凡人の集まりでも、シナジー効果の助けを借りれば、偉業を成し遂げることができるのだ。

植林された杉山と、雑木林を比べてみよう。

植林された杉山は、大変見栄えがよいが、いざ大雨となったときには、あっという間に崩れてしまうおそれがある。保水性が低いからに他ならない。

一方、雑木林はいろいろな樹木の根と根が土の中で絡みあい、いわばネットワーク化されている。そのため、大雨が降ったとしても、そう簡単に山は崩れない。山という自然にも、シナジー効果が関係しているのである。

優秀かつ均質な人々が集まった組織は意外にも弱いことが多いものだ。

たとえば、学生時代、勉強にすべてを捧げてきたような者ばかりを集めた企業をイメージしてもらうとわかりやすいだろう。これは、山で言えば植林された杉山だ。

逆に雑木林は、出自や学歴、価値観などバラエティに富んだ個性的な人々が集まった集団と言える。

杉山的集団と雑木林的集団、どちらがより高いシナジー効果を生むであろうか？

重なりあう部分が小さい人とどうつながってゆくのか。これは、人生のキーワードだと思う。

なぜ京都でシナジーが生まれるのか

ここまでシナジー効果について説明してきたが、次はなぜ「京都」そのものがシナジー効果をアップさせるのかについて考えてみたい。

一見すると、京都は「変わらない街」である。老舗の料理屋や古い神社仏閣が数多く残っていて、歴史と伝統を代々守り続けている。

しかしその一方で、前述してきたように京都は「新しいもの好きな街」でもある。歴史と伝統を守り続けるためには、過去だけでなく、現在、そして未来にも目を向けなければいけない。

変わり続ける時代に対応できないものは廃《すた》れ、別のものに取って代わられる。京都は、古い伝統を守り続ける保守的な部分と、新しいものを取り入れる柔軟さの両方を持っている。

だからこそ千年以上にわたって、都としての歴史と伝統を守り続けながらも時代に取り残されることもなく、洗練された主要都市であり続けることができたのだ。

京都でシナジー効果が生まれやすい大きな理由は、この「進取の気性」である。たとえば、京都は古い日本の建築物が多いイメージがあるが、近代以降のあらゆる時代の建築物が見られる街でもある。第五章で挙げた「1928ビル」の他にも四条大橋をはさんで建つ北京料理の「東華菜館」、フランス料理の「菊水」はじめ、街のあちこちにレトロな洋風の建築物を見つけることができる。

これは、決して排他的に日本の伝統文化を守ってきただけの街ではない証拠と言えるだろう。要するに、京都はさまざまな刺激を受け入れる街なのだ。

一方で、京都が変わらない街であることも、シナジー効果が生まれやすい理由だろう。

日本文化の核心を千二百年にわたって守り続けている街であり、合理化・国際化していく他の大都市とはまったく異なる魅力がある。

古きよき日本文化が失われつつある現代だからこそ、現代人と京都の重なりあう部分が少なくなっており、それゆえに大きなシナジー効果が期待できると思うのだ。

実際、京都に行くと仕事がはかどるという人は多い。私もそのひとりだ。

京都が仕事の能率をあげてくれる理由はいろいろ考えられるが、他の都市とはまったくちがう街の雰囲気が、シナジー効果をアップしてくれるというのもそのひとつだと感じている。

東京発ではアメーバ経営が誕生しない理由

具体例として、日本を代表するグローバル企業、京セラについて見ていこう。

この企業を一代で築いたのが稲盛和夫氏であり、彼の経営管理手法は「アメーバ経営」と呼ばれている。

アメーバ経営は、ひと言で言うと大勢の社員を細かなグループに分ける経営手法で、それぞれのグループにはリーダーがおり、グループ単位で採算を管理する。

この細かく分けた一つひとつのグループがアメーバにあたるわけだ。アメーバ経営のメリットとして、メンバーが当事者意識を持ちやすいことや、リーダーシップを育成しやすいこと、グループ間の競争意識が生まれやすいことなどがよく挙げられる。

この手法は、シナジー効果を高めるという点でも大きな意味があるだろう。さきほど、ひとりの秀才よりも十人の凡人という例を出したが、それは十人の三角形がそれぞれ重なりあっている場合だ。

いくら社員の数が多くてもそれぞれが重なりあっていなければ、当然ながらシナジー効果は生まれない。大企業になればなるほど社員の数は増えるが、話をしたことのない社員も多くなるだろう。

アメーバ経営では多数の社員を少人数のグループに振り分けるため、グループのメンバーにつながりが生まれる。また、各グループ間での交流も生まれるだろう。

つまり、社員のネットワーク強化につながり、それによってシナジー効果の向上が期待できるわけである。


任天堂にしてもそうである。この企業はかつて花札とトランプの会社であった。もともと、京都市の下京区で山内房治郎氏が花札の製造を行っていたのが任天堂の始まりで、一九四七年に株式会社として設立した。

その翌々年に、房治郎の曾孫である山内溥氏が代表取締役に就任する。

その後、任天堂はテレビゲーム業界に進出し、同社が一九八三年に発売した家庭用ゲーム機「ファミリーコンピュータ」、いわゆる「ファミコン」は大ヒットして、社会現象になった。

花札とトランプの会社がゲーム業界に参入するのは、言うまでもなく大きなチャレンジであったはずだ。「娯楽」という部分では重なるものがあるが、まったく別の業界といっても過言ではない。

そういう意味では、社員は発想の転換を余儀なくされただろうし、花札・トランプ時代の従来の発想と、ゲーム業界の新しい発想が合わさってシナジー効果が生まれ、それが成功の一因になったという見方もできる。


また、二〇〇〇年以降の同社の躍進は、岩田聡氏の功績抜きには語れない。

岩田氏はプログラマーとしての才能にあふれた人物で、高校時代に独学でプログラミングを学び、自作のゲームをヒューレット・パッカード社に送ったところ、ヒューレット・パッカードの社員がその完成度に驚いたという逸話もある。

岩田氏は大学時代からパソコンおよびテレビゲーム関連企業のHAL研究所でアルバイトとして働いており、卒業後は正社員となって、任天堂ゲームソフトのプログラミングも数多く担当した。

その後、HAL研究所の代表取締役となった岩田氏は、二〇〇〇年に任天堂の社長・山内氏に誘われて任天堂に入社する。そして二〇〇二年には、山内氏の指名で、四十二歳で任天堂の代表取締役社長に就任したのである。

彼は携帯ゲーム機「ニンテンドーDS」や、据え置き型ゲーム機「Wii」を発売し、業界にインパクトを与え続け、二〇一五年七月一一日に胆管腫瘍で死去した。

ここでも、プログラマーとしての資質に長け、任天堂とは別の会社で育った岩田氏をトップに据えた山内氏の慧眼《けいがん》が大きなシナジー効果を生み、成功につながったという見方が可能だろう。

成功している企業は必ずと言っていいほどシナジー効果を巧みに利用している。逆に、シナジー効果が弱い企業は大きな成果を残すことができない。世界をあっと驚かせるようなすばらしいヒット商品を開発した企業が、学歴重視で学生を採用するようになり、業績を伸ばせず低迷する、というのはよくある話だ。

もちろん個人差はあるだろうが、いい大学に入るためには、子どもの頃から進学塾に通う必要もあるだろうし、とにかく机の上での勉強に長い時間を費やさなければならない。

そういうふうに学歴重視で学生時代に育ってきた人のメンタリティや経験値は、非常に似ている部分が多いのだ。三角形の重なりあう部分が多いため、優秀な人材ばかりを集めたにもかかわらず、大きなシナジー効果が生まれないのではないだろうか。

もちろん会社の経営陣の舵取りにも問題はあるだろうし、勉強だけでなくいろいろなことに長けた人も多くいるのだが、昨今の国内の大企業の不振を見ていると、そういった部分は小さくないように感じられる。

iPS細胞発見に見る京都的アプローチ

続いて医学面で、京都発の世界的なイノベーション、iPS細胞を例に話をしてみたい。

iPS細胞は、京都大学の山中伸弥研究室から世界に向けて発信された。モンスター級の快挙であり、ご存知のとおり山中博士にはノーベル生理学・医学賞が授与された。

そしてこのiPS細胞もまた、シナジー効果の産物にほかならない。

iPS細胞は、高橋和利氏という、もうひとりの研究者の存在なしではこの世に出現することはありえなかった。山中博士と高橋研究員のシナジー効果がこの細胞を生み出したのである。

山中博士は、かねてより、一度分化した細胞をもとに戻し、初期化させるということに強い関心を持って研究を進めてきた。

そして彼は、コンピュータでの遺伝子データベースの洗い出しや、いろいろな実験から、初期化に関係する遺伝子候補を百個挙げ、そして二十四個にまで絞り込んだ。

だが、そこで大きな壁にぶつかってしまう。この二十四個の中に、細胞の初期化に関与する遺伝子があることはまちがいない。しかし、二十四種類の遺伝子をひとつずつ試してみても、初期化が起こることはなかった。

つまり、二十四種類の中に、初期化に関係する遺伝子が複数存在することになる。二個かもしれないし、五個か、十個か、あるいは二十個かもしれない。まったく見当がつかないのである。

この二十四個の遺伝子の中から、真にキーとなる遺伝子の組み合わせをどのように洗い出せばいいのか。その方法が見つからず、行き詰まったわけである。

ところが、この難題を高橋研究員はいとも簡単に解決してしまった。

その二十四個の遺伝子をすべて入れた細胞はまちがいなく初期化することが確認できている。ならば、それぞれ一個ずつ足りない二十三個の遺伝子を入れた細胞を二十四種類作成すればいい、というのが彼のアイデアだ。

二十四種類のシャーレの中で初期化されない細胞だけのシャーレは、その細胞に足りないひとつの遺伝子が、初期化に必要不可欠な遺伝子と考えられる、というわけである。

このアイデアを聞いたとき、山中博士は思わず驚嘆の声をあげたそうである。こうした実験を経て、初期化に関わる四個の遺伝子が同定された（山中遺伝子）。そして実際に、その四つの遺伝子を入れた細胞は、初期化されて、ＥＳ細胞という多能性を持つ細胞と同質の細胞に変化した。ｉＰＳ細胞の誕生である。

ここで注目すべきことは、山中博士は整形外科出身の研究者であり、高橋研究員は工学部出身であるということだ。そして、ｉＰＳ細胞が誕生したのは京都大学の研究室である。

両博士は、まったくバックグラウンドの異なる、すなわち重なりあう部分が小さかったがゆえに、歴史に残る偉業を成し遂げることができたのだ。


こうしたことにヒントを得たわけではないが、私はパソコンというものを、なんとかシナジー効果を発揮するツールにできないかと以前より考えている。

そして、私なりに工夫して効果をあげているのは、私のパソコンと秘書のパソコンとの間に共有フォルダをつくったことである。

共有フォルダ内のファイルを協調的に作業するということである。そして、現在のところそれがうまくいっているから、シナジーとしてこの本が誕生したわけである。


現在、大企業などでは、最近急速に発達したクラウドという新しいWeb上のシステムを使い、仕事をクラウド化する試みが行われている。

クラウド化とは、自身のコンピュータ内にあるデータをインターネット上に保存する使い方のことで、クラウドサービスも多数提供されている。それにより、複数の人間が情報をリアルタイムにスムーズにやりとりすることができるという仕組みだ。

最近ではチャットワークのような〝クラウド会議室〟もできている。

多くの人間が協調してＷｅｂ上でひとつの仕事を行うことが可能になってくると、「仕事はオフィスのデスクで」という制約がなくなってしまう。

家にいながら、あるいは喫茶店でコーヒーを飲みながら、パソコンやタブレット端末があれば仕事にアプローチできるわけである。

場所の制約がなくなれば、より多くの人と交流できる可能性が生まれる。シナジー効果という観点からは、好ましいことかもしれない。

シナジー効果の副産物

他にも、一冊の本を作るという作業もシナジー効果が生まれやすいシチュエーションである。

この本を例にとれば、医師である私と、本作りの専門家である編集者という、まったく異なる職業のふたりの頭で、ひとつの本を作りあげていくわけである。

医師と医師、建築家と建築家というように、同業者が顔を突きあわせて仕事の話をしたとしても、出てくる話題は限られている。

お互い同じ世界で生きているわけであるから、相手が知っていることの大部分は、自分も知っているのだ。そこから新しいものが生まれてくることは期待しにくいだろう。

しかし、編集者は私のまったく知らない世界を生きているし、私も編集者の知らない世界を生きている。ふたりの三角形が重なる部分は小さく、それゆえに大きなシナジー効果が期待できるのだ。

何年か前、ある雑誌の編集長と話をしたことがあるが、彼女は「編集者の一番大事な仕事は、人と会うことだ」と言っていた。事件もニュースもすべて人から生まれるものであり、その人に会わないことには記事が書けない、というわけだ。

たしかにそのとおりだと思う。

ある事柄について、ひとりでいくら情報を集めても、当事者が語る生の情報にはかなわない。直接会って話をしてこそ、本当に価値のある生の情報が手に入るし、シナジー効果も生まれるのだろう。

さて、この章の最後に、シナジー効果の話をしていて思い出した本を二冊紹介しておこう。

ひとつめは、スティーブン・R・コヴィーの『7つの習慣』（キングベアー出版）である。ご存知のとおり、ビジネスの成功哲学について書かれた名著だが、この本でもシナジー効果を利用することが重要視されている。

この本で解説されている習慣は、「主体的である」「終わりを思い描くことから始める」「最優先事項を優先する」「Ｗｉｎ‐Ｗｉｎを考える」「まず理解に徹し、そして理解される」「シナジーを創り出す」「刃を研ぐ」の七つで、シナジー効果は第六の習慣として解説されている。

シナジー効果に限らず、さまざまなヒントが得られる本なので、興味がある人は読んでみるといいだろう。

なお、コヴィーはシナジー効果の例として「男女が子どもを作ること」を挙げている。そう言われてみれば、「１＋１」が「３」になるわけであるから、たしかにシナジー効果の好例である。しかしこの場合、お互いの三角形が重なる部分の面積は、シナジー効果の大小よりも夫婦仲の方が影響しそうである。

もうひとつの本は、藤原和博の『坂の上の坂』（ポプラ社）である。

司馬遼太郎の『坂の上の雲』になぞらえ、安定した老後が約束されない現代社会の厳しさを『坂の上の坂』に例えて、従来型価値観の見直しを提案している良書だ。

私がこの本の中で印象に残っているのは、「人生をよりハッピーにするコツというのは、なにか人に話を持ちかけたときに、『じゃあ、ひとつやってみますか』と言う人をどれだけたくさん持てるか」ということが書かれた部分だ。

これはたしかにそのとおりだと思うし、そういう知人をたくさん作ることはシナジー効果とも大いに関係する要素だろう。

シナジー効果は仕事の能率をあげるだけでなく、人生を豊かにすることにもつながるキーワードなのだ。

人間はリスクを嫌う生き物であるから、「じゃあ、ひとつやってみますか」と言ってくれる人を見つけるのはそれほど簡単ではないかもしれないが、ひとりでも多く、そういう人と出会いたいものである。

第七章

悩んだら京都に行け

～京旅《みやこたび》のススメ～

いよいよ最終章となるが、ここでは京都への旅について実際に私の経験を振り返りながら、旅行のモデルプランを提案してみたいと思う。

職場と家庭を行ったり来たりするだけの単振動の毎日に疲れたら、大人の京旅を考え、そして実践してみよう。京旅は日常から解放される旅であり、京都のセレンディピティ、シナジー……に触れる旅でもある。

寒い土地を旅行するときは冬に、暑い土地を旅行するのは夏がいいと言う人がいる。その土地の本当の姿がわかるからだ。

これが正しいかどうかはわからないが、京都へ〝大人旅〟をするのであれば、ハイシーズンは避けたいところだ。たとえば、ゴールデンウィークや桜の時期、紅葉のシーズンに出かけては、人を見に行く旅になってしまう。

私は京都に移動する際には、品川駅から新幹線を利用することが多い。

この品川駅構内のモール「ｅｃｕｔｅ」には立ち食い寿司があって、いつもそこを横目に見ながら新幹線に乗るのだが、私にはここ品川に、寿司屋、それも立ち食い寿司があることが、必然のように思える。

東海道五十三次を思い出していただきたい。

お江戸日本橋を出たら、次の宿場が品川宿である。かつて品川は、目の前が海だった。そう、その海でとれた魚を、手入れして握った寿司が、江戸前寿司なのである。

歌川広重の浮世絵でも、高輪の浜にある寿司屋が描かれている。寿司は立ち食いのファストフードとして、江戸時代に華屋与兵衛が考え出した食べ物なのだ。

今ここでわざわざ寿司、それも立ち食い寿司の話をしたのには、少々わけがある。それは、京都に着いてからのお楽しみ。


さて、京旅での私からの最初の提案は、もしあなたが東京からスタートするのであれば、東海道新幹線は、非日常を感じるためにもグリーン車を使ってみることをおすすめする。

　グリーン車は、果たして割高なのであろうか？

　個人的にはグリーン車は、とても割安だと思っている。もちろん考え方次第ではあるのだが、グリーン車は利用のタイミングを考えると、とても快適な空間になるのである。

　もしあなたがひとり旅をする場合、ハイシーズンを避けて、さらに意図的に中途半端な時間に利用すれば、ほとんどの場合、隣の席が空いている（窓側の席を希望すれば確率はさらに高くなる）。

　この、隣の席が空席か、赤の他人が座っているかによってリラックスの程度が格段にちがうことは想像に難くない。ふたり旅であれば、そんな心配は無用であるが。

　私は京都に発つときは、新幹線を土曜の午後に利用することが多い。まさに中途半端な時間であるらしく、全体的に空いているし、グリーン車はなおのこと空いている。

そうして座席に着いたら、あえて京都でなにか新しい発見をしようなどと思わないことが肝要である。

列車の中という適度に振動のある静かなスペースは、物事をいろいろと考え、もの思いにふけるにはもってこいの場所だ。実際グリーン車では、パソコンを叩いたり、スマートフォンをいじったりという人は少数派である。

新幹線が新横浜を出たあたりから、私の頭は徐々に東京モードから離れていくように感じられる。そして名古屋を出ると、京都モードへと切り替わっていく。

やがて、新幹線が京都駅に滑り込めば、八条口から出ることになる。観光で訪れるほとんどの人は、そこから反対側の中央口へと向かう。しかし小腹も空いていることであるし、八条口に留まって、レストラン街を見てみよう。

ここには創業三十五年になる回転寿司、「寿しのむさし」がある。

なぜ、まっ先に回転寿司なのか？　それは、眺めるだけで京都という街の食を実感することができるからだ。

まずレーンに流れてくる寿司を見てみよう。ご丁寧にも説明の皿も流れてくるので助かるのだが、江戸前寿司では出てこない食材がたくさん流れているのに気づくだろう。

たとえばヨコワ。ヨコワは本マグロの幼魚であり、東京の寿司屋ではまずお目にかからない。なぜなら東京の人間はマグロと言えば、中トロ、大トロというように、脂の乗ったものが好きだからである。

ヨコワはほとんど脂の乗っていないマグロである。

また、季節が夏であれば、鱧の落としの握りなども流れてくる。京都の回転寿司のレーンには季節が流れているのである。

皿を取って、その寿司を口に運べばまずシャリが江戸前とはまったくちがうことに気がつくと思う。

京都をはじめとして関西地方の寿司は関西シャリと呼ばれ、江戸前に比べて格段に甘い。さらにそのシャリには酢、砂糖に加えて、出汁が調合されていることが多い。

「むさし」の寿司にも、昆布出汁が使われているという表示がされている。


それでは、東京に住んでいる私たちは、食から季節感を得ることはできないのだろうか？　そんなことはもちろんない。

たとえば、江戸前寿司の定番のネタにコハダがある。コハダは通年で提供される寿司ネタであるが、夏の一時期だけ姿を変える。

コハダは出世魚であり、シンコ↓コハダ↓コノシロと名前を変えてゆく。

夏のほんの短い間、シンコというコハダの稚魚が、江戸前寿司の寿司ネタに上がる。シンコは夏の出始めは、本当に小さく、寿司ネタにするためには一貫の寿司に四枚ほどものっけなければならない。

シンコは週を追うごとに大きさを増していき、三枚、二枚、一枚となる。そして秋の訪れとともに姿を消し、通常のコハダに戻ってしまうのである。

いわばこうしたシンコのグラデーションを、夏の短い間だけ楽しめることは、季節を感じざるをえないだろう。

これは東京の江戸前寿司の話だが、どんな地方にもその土地独特の季節感を感じる食材や食べ物は見つかるはずである。こうしたものに日頃から感性を研ぎ澄ましておくことは、巡り巡って、仕事や人生にもポジティブな影響を与えるはずである。


関西シャリがお気に召さない向きには、反対側の近鉄名店街「みやこみち」のどんつき（突き当たり）にある中華料理店「ハマムラ」はどうだろう。

一見、なんの変哲もない普通の中華料理店であり、お昼にはランチメニューもある。しかしこの「ハマムラ」は、京風中華料理の伝統を受け継ぐ店なのである。先に述べたように、京都人はなかなか中華料理というものを受け付けなかった。が、ここは京風中華料理を提供している。

この店のラーメンをすすってみれば、その味が東京の醤油ラーメンともちがい、いわゆる京都ラーメンともまったく別物であることが理解できるであろう。回転寿司も駅の中華料理店も、そのバックグラウンドを知らなければ、ただお腹が膨れたで終わってしまう。

だが、こうした情報をインプットしてお店を訪れれば、京旅のスタートもちがったものになるだろう。

京都は回転寿司にも中華料理にも、京都人のアイデンティティが込められているのである。

小腹も満たされて、次に向かうは今夜の宿。

京旅に宿の手配は欠かせないが、ここは国際観光都市であり、宿泊施設には事欠かない。ここではよりディープな京都に触れるという意味で、「片泊まり」を提案したい。

「片泊まり」とは、宿泊するための部屋と朝食を提供する宿である。英国などでは一般的な、ベッド・アンド・ブレックファースト（B&B）の京都版というわけである。

あえて私が「片泊まり」の宿をおすすめするにはいくつかの理由がある。

まず料理旅館等に宿泊した場合、当然ながらその日の夕食は宿で提供されることになる。これは、とてももったいないことだと私は思う。なぜなら京都ほど多種多様の料理が混在する町は、日本には、そうそうないからである。

京料理が充実していることは言うまでもないが、和食のみならず、パスタ、フランス料理など、ありとあらゆる料理店がこの盆地の中にひしめきあっているのだ。

そうした多様性の中から、自分の好みに合った料理を選ぶのも京旅の大きな楽しみのはずである。

さらに、「片泊まり」をおすすめする理由は、こうした宿はほとんどが普通の京町家であり、その部屋を宿泊場所として提供しているからである。すなわち、普段着姿の京都を感じ取ることができるのである。

最近、「片泊まり」の旅館では、外国人のバックパッカー等の旅行者を目にする機会が増えている。これは外国人向けの日本紹介ガイドブックに、「片泊まり」の旅館は安く泊まれ、京都の雰囲気をエンジョイできる宿として紹介されているからであろう。

そういう意味では、日本人より、こうした「片泊まり」を利用する外国人旅行者の方が、京都通と言えるかもしれない。

注意したいのは、こうした「片泊まり」の宿に、シティホテルはもとより、ビジネスホテル等で提供されるアメニティは期待してはいけないということだ。

「片泊まり」に過度の期待を持つことは、京旅を台無しにするおそれがある。

普段着の宿なのである。お風呂、トイレ、洗面所なども、多くの場合、宿主も旅人同様に利用する宿なのである。

こうしたことをわきまえて、「片泊まり」の宿を利用するなら、高級旅館や一流ホテルを利用する以上の京旅を体験することも十分可能なのである。

たとえば私が利用している定宿で、朝食に提供されるぬか漬けは、そのぬか床が百三十年以上前のものである。こういう体験こそが、京都に来ているのだと実感させるのだ。

さらに、「片泊まり」は料金も非常にリーズナブルであり、上手に利用すれば、あなたの京旅のベースキャンプとなる宿である。また、連泊もしやすく、定宿にすることができれば、女将のあいさつも、「おこしやす」が、「おかえりやす」に変わるであろう。

映画監督の巨匠、黒澤明監督も、シナリオを書くための定宿が京都にあり、その旅館はやはり「片泊まり」の宿だった。「片泊まり」を愛する映画監督、作家は、表に出ないだけで多いのである。

さて、「片泊まり」の宿に泊まったからには、夕食は自分の足で準備しなければならない。

前にも述べたように、京都のそれなりの料理店では、基本的に飛び込みのお客さんは歓迎されない。

では、ガイドブックを頼りに店を選ぶのがよいのであろうか？

ガイドブックには料理の写真や店内の様子、さらには料金、マップなども掲載されており、大変便利ではある。また今日日、ホームページで店選びをすることも、極めて一般的である。

しかし、せっかく京都に来たのに、ガイドブックやスマートフォンを使った検索で店を選ぶのはどうだろう？

ここで、少々大胆な提案をしてみたい。

たとえば京都の街を歩いていて、なんとなく気になる店があったとしよう。夕方からの開店だとしても多くの場合、昼過ぎから仕込みに入っている。

だから少々勇気を出して、今晩あるいは明日の晩、予約が取れないか尋ねてみるのである。こちらの予算と料理の内容がマッチすれば、きっとその店はあなたのお気に入りになるはずである。


そうは言っても、こうしたお店の探し方はかなり勇気のいることかもしれない。

そこで、もうひとつの提案がある。

どの街にも本屋へ行けば、京都のガイドブックは山ほどあるが、京都の街中には、京都特有のガイドがある。

『Ｌｅａｆ《リーフ》』という月刊誌だ。これは京都のど真ん中、中京区で作られている、京都の料理店などを紹介する雑誌で、京都人目線の店が紹介されている。

この中から気に入った店を選び、アプローチするのも一興かもしれない。

ちょっとした私なりのお店選びのポイントを言うなら、京料理のお店は、自ら京料理を主張しないものだ。つまり、のれんなどに〝京料理〟と明記する店は避けた方が無難かもしれない。観光客をターゲットにしたお店が多いのだ。

また、皆が好む〝おばんざい〟は京都人の家庭料理であり、地元の人がお金を払っておばんざい料理の店に足を運ぶことは、ちょっと考えづらいということも付記しておきたい。

もちろん旅人にとっては、おばんざいは京都の地元の料理であるから、それを好むことは自然なことなのかもしれないが……。

私も自分の足で夕食の場を探すことが多いのだが、そうした中で、お店の主人との興味深い会話に出くわすことがたびたびある。

何回か店に通うと、ご主人と顔なじみになり、いろいろ打ち解けた話をしてくれる。たとえばこんな話だ。

「最近は和食ブームとかで、大学出はった方が、和食の職人になりたい言《ゆ》うて修業に入ってきますがな。大学出は、頭ええし、仕事を覚えるのが早くて、要領もええ。その一方で、中学だけ出て修業に来る子は、頭が幼い分、体で覚えるしかない。しかし、頭で覚えたもんは、体で覚えたもんにかなわん。そやから結局、中学出た人に、大学出た人が負けてしまうのや」

「何々さんはテレビや雑誌で、いろいろ京都のことを言うてはるけど、あの人、出汁なんてひけしまへんわ。まあ、大学出てはるから頭ええんやろうし、いろいろと京都のことを宣伝してくれはる。そやな、いわば役割分担やなぁ」

……「へえー」「なるほど」と相槌を打ちながら、リアルな京都人の感覚が垣間見える気がして、思わず内心うれしくなってしまった。

夕飯を食べ終え、さあ、宿に帰ろうと思ったあなた。満腹になり、もう眠くなっているだろうか。
が、ここでも宿までの帰り道をぜひ味わってもらいたい。
これは私の勝手な思い込みかもしれないが、日々オフィスのデスクに向かって
パソコンを叩いているという状況は、人間の左脳のみを使っているように思える。
一方で、感動したり、熱中して独創的な仕事をするときには人間、右脳が働く
もの。
京都という環境は本書で語ってきたとおり、人間の右脳が働きやすい場所であ
り、それこそがセレンディピティ、シナジー効果……などにつながってゆく。
つまり、なにが言いたいのかといえば、散歩をして、京都を体感してほしいの
である。
人は散歩により右脳が活性化されるとも言われているし、京都にはかの有名な
「哲学の道」もある。
しかし、別に哲学の道を歩かなくても、京都に数限りなくある〝小路〟は、右

脳を活性化させる最適のストリートと言えるのだ。

幸い、「片泊まり」の宿は路地裏にあることも多い。「そこの角を西へ入って、そのまま上がって、まっすぐ行って……」と京都式に道を数えながら宿まで帰るのも一興だろう。


そして翌朝、目が覚め、どこへ行こうかと考える。

京都に来たからには、寺のひとつやふたつは回ってみたいというのが人情。それならば、セレンディピティがアップし、シナジー効果を期待できるお寺を巡りたい。

たとえば祇園からもさほど遠くない小松町の六波羅蜜寺はどうだろう。

かつて平清盛の邸宅があった場所でもあるが、この寺はそんなに有名ではないので、ガイドブックの片隅にしか載っていない。

しかし、立ち寄ってみる価値のあるパワースポットのひとつだ。

六波羅蜜寺は、天暦5年（951）醍醐天皇第二皇子光勝空也上人により開創された西国第17番の札所である。（中略）

第60代醍醐天皇の皇子で、若くして五畿七道を巡り苦修練行、尾張国分寺で出家し、空也と称す。再び諸国を遍歴し、名山を訪ね、錬行を重ねると共に一切経をひもとき、教義の奥義を極める。天暦2年（948）叡山座主延勝より大乗戒を授かり光勝の称号を受けた。森羅万象に生命を感じ、ただ南無阿弥陀仏を称え、今日ある事を喜び、歓喜躍踊しつつ念仏を唱えた。上人は常に市民の中にあって伝道に励んだので、人々は親しみを込めて「市の聖」と呼び慣わした。

（『六波羅蜜寺』ホームページ「寺史」より引用）

この寺の奥には宝物殿という建物があり、中にはいろいろな仏像が安置されているのだが、ここに誰もが知っているであろう有名な二体の仏像がある。

ひとつは「平清盛坐像」である。

この清盛は平氏が全盛を極めたときのそれではない。晩年に出家し、死期を悟った清盛である。私はこの像を最初に見たとき、その形相のあまりのインパクトに圧倒された。

そして、もうひとつは「空也上人立像」である。口から阿弥陀仏を六体出しているこの像は、あまりに有名なので、一度は日本史の教科書や図鑑、ネットなどで出会っていると思う。

私がここで、わざわざこうした仏像を取りあげたのは、実物を見るということのすごさを強調したいがためである。

どんな立派な写真をもってしても、実物には遠く及ばない。この寺に限らず、京都では、写真でしかお目にかかれなかった実物に、直接対峙できるのである。

実物を目にするということは、頭のてっぺんからつま先まで、真摯《しんし》に眺めることである。

この「空也上人立像」は、裸足であり、杖として持っているのは、鹿の角である。

こうしたことは図鑑やホームページの写真を見ていてもなかなか気づかないし、実物の迫力には遠く及ばない。

本物を見ることは、それまでのイメージや先入観を吹き飛ばすほど、インパクトがあるものである。

なにもこれは「空也上人立像」や、「平清盛坐像」に限ったことではもちろんない。京都に来たからには、どんなお寺でもよいので、ぜひともそうした仏像をゆっくりと、しげしげと見つめていただきたいものである。

私は仏像の知識や、その見方などといったようなものは、必要がないと思っている。

自分の感性で、ただ見つめればよいのではなかろうか。仏像を見るのにBGMやナレーションはいらない。

さあ、いよいよ旅も終盤にさしかかる。

もし、あなたが今回の京旅で、さほど京都を大人の街と感じることもできず、京都の味にも、そして仏像にも満足できなかったとしても、この最後の訪問先さえ押さえておけば、あなたの京旅は必ず満足できるものになる。

それは、北区紫野の「高桐院《こうとういん》」だ。

本山系の寺は大きな山門などを構えている。そして、それを取り囲むように小さな寺が立ち並ぶ。これらは塔頭《たっちゅう》と呼ばれ、観光客を受け入れないところも多い。

こうした観光客NGの寺には門の前に、竹でできた平均台のようなものが置かれているところがある。これは〝結界〟と呼ばれるもので、俗世間と仏の世界を区切っているボーダーラインなのだ。

それを知ったうえで、大徳寺塔頭の高桐院は、ぜひとも紹介しておきたい。

高桐院は細川家の菩提寺であり、初代の幽斎からの墓が並んでいる。その中には、かの有名な明智光秀の娘で細川忠興の妻となった、細川ガラシャの墓もある。

長岡京市のホームページによると、ガラシャは幼名を玉というが、本能寺の変で信長を討った逆賊、光秀の子どもであることが悲劇につながってゆく。

玉が初めて教会に行った天正一五年（一五八七年）、豊臣秀吉は「バテレン追放令」を出した。その秀吉が亡くなると、忠興は苦境に立たされる。

忠興は家康側についたが、石田三成は、関ヶ原の戦いを目前に、諸大名の側室を人質にするため大坂城登城を命じたからである。

この事態を予期していたガラシャは、自害を禁じているキリシタンの教えがあったため、家臣に胸を槍で突かせるという壮絶な最期を遂げる。

ガラシャ辞世の句、

「散りぬべき　時知りてこそ　世の中の　花も花なれ　人も人なれ」

は、あまりに有名だ。

ガラシャが眠る高桐院は、門まで至るアプローチが他の寺とは一線を画している。〝結界〟がない代わりに、竹の柵で囲まれたクランクを何回も曲がって門にたどり着くという、心憎いまでの演出である。

〝結界〟はなにも、仏の世界と俗世間を仕切るためだけではない。たとえば、われわれ「よそさん」が京都人と接するときには、この〝結界〟という意識がとても大切になる。

なぜなら京都人は、その身振り、振る舞い、言葉などから、瞬時に相手の人となりを判断してしまうからである。

こうした〝結界〟意識は、我々の人間関係においても、とても大切な感覚であると思う。〝結界〟をわきまえるとは、自らを「よそさん」と自覚することでもある。

〝結界〟意識は、端から見れば息苦しくも感じられるが、そこから学び取れることはとても多い。

せっかくの京旅。たとえば宿の女将さんや、あるいは割烹のカウンターに座ったならご主人と、〝結界〟をわきまえつつ、少し立ち入った話ができないか努力してみてはどうだろう。ちがった大人の京旅になること請け合いである。

話を戻すが、高桐院は塔頭であるから、そんなに広いわけではない。しかし、京都人の中には「桜の寺」「紅葉の寺」としてこの高桐院を挙げる人も多い。京都に数多くある桜や紅葉の名所の寺とちがい、桜や紅葉の数もさほど多くないにもかかわらず、である。

この理由は、京都人は桜や紅葉の見方がちがうからである。

私たちのように一般的な日本人は花見と言えば、ソメイヨシノという桜を見ることが多い。それも、何百、何千本という桜の木を見るのが好きだ。

しかし京都人は、そうした数多くの桜を眺めるのではなく、一本の桜の木の花を愛でる。そして、その桜もソメイヨシノでない場合も多い。

では、どんな桜か？　そう言われて次に浮かぶのは八重桜だ。

試しにある京都人に八重桜の感想を聞いてみると、

「あきまへんなぁ。あのぼたーっとした感じが、いやどすなぁ」

ということになる。

京都の人が訪れる桜の名所のひとつが円山公園であるが、その中央にあるのは〝祇園の夜桜〟として有名な祇園枝垂桜だ。

正式名称は「一重白彼岸枝垂桜」という、このしだれ桜は、代々の佐野藤右衛門氏が桜守として手入れしてきたのである。

このように京都人は、「Ｍｙ 桜」を持っている人も多い。


私は常々思っているのだが、紅葉のシーズンに雑誌でしばしば紹介される、庭一面が赤い絨毯のようになる紅葉の名所は、人を見に行くのか、紅葉を見に行くのか、どちらなのであろう？

せっかく行くなら静かに観賞したいものだ。そのためには王道ではなく、多少は人の少ない場所を選びたい。

もちろん高桐院もそれなりに紅葉スポットとして有名ではあるのだが、それでもぜひ訪れてみてほしい。

かつて私も、紅葉のシーズンにたまたま高桐院を訪れたことがあった。人の数も多かったが、そうした中から、「なんなんやこの紅葉は、この世のものとは思われへんなぁ」という声が、どこからともなく聞こえてきた。

それくらいインパクトがあり、私もこの紅葉から人生のはかなさのようなものに感じ入ってしまった。


こうして、私の勧める京旅は終わりを迎える。

旅行で少し京都を訪れたからといって、急にセレンディピティがアップするなどということはないかもしれない。

しかし、これまでとはちがったアングルで寺を訪れ、自分で探した店で食事をし、小路を散歩し、〝片泊まり〟の宿に泊まったりすれば、非日常モードに脳が切り替わってゆくだろう。

　こうした経験から、日々の生活の中で忘れていたものを思い起こさせ、新たな視点が見つかったり、ひらめきが降ってきたりと、よりポジティブな人生が期待できるにちがいない。

おわりに

私たち日本人は、〝独創性はないが、改良するのが上手〟と言われてきた。あまりに言われ続けてきたものだから、私もずっとそう信じてきた。

しかし、これほどたくさんの日本人がノーベル賞を受け、また日本発のオリジナルな製品が数多く生産されることなどを考えると、日本人は、〝独創性もあり、そして改良するのもうまい〟のだ。

また、私たちは、日本という国が、四季の変化に富んだ国であることを当たり前のように受け止めている。

しかし、世界中を見渡しても、このように四季のメリハリがはっきりした国は、ほとんどないのである。

そうした季節感を日々の生活、そして頭の中に取り込んでいけば、感性が研ぎ澄まされ、成功へと続く道に必ず通じていくはずだ。

しかし、よくよく考えてみると、京都人の持つ四季への感性は、かつてはわれわれ日本人の誰もが持っていたものである。

それが文明の力や、物流の発達などとともに、物々がボーダーレスになり、生活から季節感が失われ、だんだんと感性が鈍磨になっていったのではなかろうか？

こうしたことを今一度見直すきっかけを、京都という街は教えてくれる。

その声に耳を傾ければ、人生はより豊かなものになるであろう。そして、京都的な感性を取り戻すことは、日本人らしさに立ち返ることに他ならない。

私はいつの頃からか、〝京都力〟といった本を書いてみたいと思うようになっていた。

本書は、常日頃お世話になっている京都への恩返しのつもりで書いた。

京都人はわれわれ日本人が失いかけている日本人的感性を、これからもずっと守り続けてくれるであろう。

そして私たちもまた、そうした感性を取り戻す努力を忘れてはならない。

ビジネスで、人生で、悩んだときはぜひ大人の京旅をしてほしい。

そうすれば、きっと自分の心の中に答えが見つかるだろう。

あなたの『答えは「京都」にある』。

〈参考文献・ホームページ〉

『京都人は変わらない』（村田吉弘・著、光文社刊）

『国家の品格』（藤原正彦・著、新潮社刊）

『7つの習慣』（スティーブン・R・コヴィー・著、キングベアー出版刊）

『坂の上の坂』（藤原和博・著、ポプラ社刊）

『東洋経済オンライン』たっぷり貯金したいなら、香川と徳島に学べ

http://toyokeizai.net/articles/-/77157

『一隅を照らす天台宗』千日回峰行

http://www.tendai.or.jp/shugyou/

『六波羅蜜寺』寺史

http://rokuhara.or.jp/history/

『長岡京市』細川ガラシャの愛と感動の物語

http://www.city.nagaokakyo.lg.jp/0000002805.html

●著者プロフィール
放生勲（ほうじょう・いさお）

1987年、弘前大学医学部卒業。都内の病院にて2年間の内科研修修了後、1989年6月～1990年9月にドイツ政府国費留学生としてフライブルク大学病院およびマックス＝プランク免疫学研究所に留学。東京大学大学院医学博士課程修了（東京大学医学博士）、東京医科歯科大学難治疾患研究所を経て、1999年5月こまえクリニック開院。著書には『がんばらない知的生活のススメ』（小社）、『妊娠力をつける』（文春新書）、『妊娠入門』（幻冬舎）など多数ある。医師として不妊に悩むカップルのカウンセリング、フォローアップを行い、内科的なアプローチで、1800組を超えるカップルを妊娠に導いている。

不妊ルームHP
http://www.komacli.com

マイナビ新書

答えは「京都」にある

2015年11月30日　初版第1刷発行

著　者　放生勲
発行者　滝口直樹
発行所　株式会社マイナビ出版
〒101-0003　東京都千代田区一ツ橋二丁目6番3号　一ツ橋ビル　2F
TEL 0480-38-6872（注文専用ダイヤル）
TEL 03-3556-2731（販売部）
TEL 03-3556-2733（編集部）
E-Mail pc-books@mynavi.jp（質問用）
URL http://book.mynavi.jp/

装幀　アピア・ツウ
印刷・製本　図書印刷株式会社

　ISBN978-4-8399-5687-5

Printed in Japan